Henning Mankell
Ein Kater schwarz wie die Nacht

Henning Mankell

Ein Kater
schwarz wie die Nacht

Aus dem Schwedischen von Angelika Kutsch

Mit Illustrationen von Heike Vogel

dtv

Ausführliche Informationen über
unsere Autoren und Bücher
www.dtv.de

Von Henning Mankell sind außerdem bei dtv junior lieferbar:
Der Hund, der unterwegs zu einem Stern war
Die Schatten wachsen in der Dämmerung
Der Junge, der im Schnee schlief
Die Reise ans Ende der Welt
Das Geheimnis des Feuers
Das Rätsel des Feuers
Der Zorn des Feuers

Zu diesem Band gibt es ein Unterrichtsmodell,
unter www.dtv.de/lehrer zum kostenlosen Download.

Ungekürzte Ausgabe
12. Auflage 2017
2003 dtv Verlagsgesellschaft mbH & Co. KG, München
Erstmalig 2000 in deutscher Sprache erschienen.
Titel der schwedischen Originalausgabe: ›Katten som älskade regn‹
© 1992 Henning Mankell
Veröffentlicht mit freundlicher Genehmigung von Leopard Förlag AB, Stockholm und
Leonhardt & Høier Literary Agency A/S, Kopenhagen
© für die deutschsprachige Ausgabe:
2014 dtv Verlagsgesellschaft mbH & Co. KG, München
Umschlagkonzept: Balk & Brumshagen
Umschlagbild: Heike Vogel
Satz: Utesch GmbH, Hamburg
Druck und Bindung: Kösel, Krugzell
Printed in Germany · ISBN 978-3-423-70766-4

Plötzlich wurde Lukas wach.

Er schlug die Augen auf. Im Zimmer war es fast vollständig dunkel. Da er immer noch Angst vor Dunkelheit hatte, ließ seine Mama jede Nacht ein Licht brennen. Lukas guckte auf den alten Wecker, der auf dem Fußboden neben seinem Bett stand. Er war noch nicht ganz sicher, ob er die Uhr wirklich lesen konnte. Aber er meinte, es sei fünf, und das war noch viel zu früh. Vor sieben würde nichts passieren. Wütend zog er sich die Decke über den Kopf und versuchte wieder einzuschlafen. Aber das war unmöglich. Er war hellwach und konnte nicht stillliegen. Wenn man Geburtstag hatte und sechs Jahre alt wurde, war es schwer, noch zwei Stunden warten zu müssen, bis etwas passierte.

Er überlegte, was sie ihm schenken würden. Im letzten Jahr, als er fünf geworden war, hatte er geraten, er würde den kleinen Werkzeugkasten bekommen, den er in einem Schaufenster gesehen hatte. Den hatte er sich gewünscht. Am Tag vorm Geburtstag war sein Papa mit einem Paket nach Hause gekommen, in dem es schepperte. Da war Lukas sicher gewesen, dass es ein Werkzeugkasten war. Er hatte natürlich so getan, als ob er es nicht wüsste. Eine Überraschung musste eine Überraschung bleiben, selbst wenn man zufällig schon wusste, wie sie aussah. Aber in diesem Jahr wusste er es nicht. Er hatte sich nicht entscheiden können, was er sich am meisten wünschte. Deswegen war er wohl auch so früh aufgewacht. Er war nervös, weil er befürchtete etwas zu bekommen, was er sich gar nicht wünschte.

Lukas trommelte mit den Fingern gegen die blau-weiße Tapete, die mit Segelschiffen gemustert war. Sein Kopf war voller Gedanken, die hin und her hüpften.

Er dachte, wie merkwürdig es war, sechs Jahre alt zu werden. Das bedeutete nicht zuletzt, dass sein großer Bruder, der Markus hieß, aber immer nur Wirbel genannt wurde, jetzt doppelt so alt war wie Lukas. Er war zwölf Jahre alt. Lukas kicherte in seinem Bett. Wenn Wirbel doppelt so alt war, müsste er eigentlich auch doppelt so groß wie Lukas sein, aber das wäre ja mehr als zwei Meter! Und er müsste doppelt so große Augen haben. Groß wie Untertassen. Oder müsste er auch doppelt so viele Augen haben? Vier statt zwei? Nein, der Gedanke war blöd, auch wenn er witzig war. Wirbel würde es bestimmt nicht gefallen, wenn er wüsste, dass Lukas sich vorstellte, er habe vier Augen. Wirbel wurde leicht böse, besonders auf Lukas. Man musste immer aufpassen, was man sagte oder tat.

Die Gedanken in Lukas' Kopf hüpften weiter. Jetzt dachte er an seinen Papa. Der fuhr einen Laster und oft roch er nach Stall, wenn er nach Hause kam. Dann wusste Lukas, dass er Schweine oder Kälber zum Schlachthof gefahren hatte. Dann wieder roch er nach etwas ganz anderem.

Lukas versuchte immer zu raten, was Papa gefahren hatte, wenn er abends von der Arbeit nach Hause kam. Dann ging er in die Garage und schnupperte an Papas Overall, der dort hing. Hinterher ging er ins Wohnzimmer, wo Papa auf dem Sofa lag und darauf wartete, dass es Essen gab, und fragte, ob er richtig geraten hatte. Manchmal hatte er Recht, manchmal lag er ganz daneben. Gestern hatte er sich getäuscht. Da schien es Lukas, als ob der Overall nach Öl und Benzin roch. Er hatte geraten, dass sein Papa Sachen zu verschiedenen Tankstellen gebracht hatte. Aber das war falsch. Sein Papa hatte nach Öl gerochen, weil sein Laster kaputtgegangen war und er lange mit verschiedenem Werkzeug über dem Motor gehangen und ihn wieder in Ordnung gebracht hatte.

Lukas' Papa hieß Axel. Axel Johanson hieß er und darum hieß Lukas auch Johanson.

»Axel Johanson und Lukas Johanson«, sagte Lukas ins Zimmer und trommelte mit den Fingern auf die Tapete. Aber er passte auf, dass er nicht zu laut sprach. Dann

könnte Mama wach werden und sie sollte nicht merken, dass er nicht mehr schlafen konnte.

Sofort hüpften seine Gedanken weiter zu ihr. Sie hieß Beatrice Aurore und war viel jünger als Axel. Sie war überhaupt ganz anders. Während Axel groß und kräftig war und eine dröhnende Stimme hatte, war Beatrice klein und dünn und sprach sehr leise. Oft klang es, als ob sie flüsterte. Axel fuhr vom frühen Morgen an mit seinem Laster herum und kam erst nach fünf heim. Dann war Beatrice den ganzen Tag zu Hause gewesen, wenn sie nicht eingekauft hatte.

Sie kochte und putzte und manchmal strich sie einen der alten Stühle an, die sie im Sommer auf Auktionen gekauft hatte. Lukas konnte nicht begreifen, warum es ihr solchen Spaß machte, alte Stühle zu streichen. Axel verstand das auch nicht, aber er sagte nichts.

Lukas fand, dass er gute Eltern hatte. Das Beste an ihnen war, dass sie zwei waren. Viele seiner Freunde hatten nur einen Elternteil. Hatte man zwei, konnte man zweimal fragen, wenn man etwas haben wollte. Wenn der eine Nein sagte, konnte man den anderen fragen. Dann könnte man doch noch ein Ja zur Antwort kriegen. Das funktionierte auch, wenn der eine sagte, man dürfe nicht mehr draußen spielen, wenn es dunkel war. Wenn Mama Nein sagte, konnte er Papa fragen. Lukas hatte gelernt, dass man Mama schwierige Fragen am besten stellte, wenn sie einen alten Stuhl strich. Dann war sie fast immer guter Laune und Lukas wusste, dass sie oft nicht mal hörte, was man sie fragte. Am schwersten war es, ihr Fragen zu stellen, wenn Papa nicht da war. Dann sagte sie zu allem Nein. Bei Papa war es schwerer, zu wissen, wann man still sein oder seine Frage stellen konnte. Außerdem verbot er Lukas manchmal Sachen, die er ihm vorher erlaubt hatte.

Eltern können ganz schön anstrengend sein, dachte Lukas. Aber noch anstrengender war es, einen Bruder zu haben, der größer war als man selber. Lukas wurde wütend bei dem Gedanken, dass Wirbel immer älter sein würde als er. Wie sehr er auch wuchs, wie viele Jahre auch vergingen, Wirbel würde immer älter sein als er. Das war eine Ungerechtigkeit, gegen die man nichts machen konnte.

Lukas setzte sich im Bett auf. Er guckte wieder auf die Uhr.

»Geht schneller«, sagte er zu den Zeigern. »Lauft!«

Aber deswegen bewegten sie sich doch nicht schneller.

Er musste etwas tun, damit es endlich sieben wurde. Vielleicht sollte er sich zu seinen Eltern schleichen und die Uhrzeiger vordrehen? Nein, das würden sie merken. Papa stand nicht gern früher auf als nötig.

Lukas legte sich wieder hin und dachte weiter an Wirbel. Eine andere Ungerechtigkeit war es, dass sein Bruder einen Spitznamen hatte, während Lukas nie anders als Lukas gerufen wurde. Wer darauf gekommen war, Markus Wirbel zu nennen, wusste Lukas nicht. Das war immer so gewesen. Wirbel war wirklich ein Wirbel. Er stand nie still, und wenn er am Esstisch saß, rutschte er dauernd auf dem Stuhl herum. Aber Lukas vermutete, dass er Wirbel genannt wurde, weil er so gut Skateboard fahren konnte. In der ganzen Siedlung, in der sie wohnten, am ganzen Ebereschenweg gab es niemanden, der so gut Skateboard fahren konnte wie Wirbel. Er hatte sogar einmal versucht es Lukas beizubringen – manchmal konnte Wirbel der netteste große Bruder sein. Aber Lukas fand es schwer, und weil Wirbel keine Geduld hatte, wurde er schnell böse auf Lukas.

Lukas war sicher, dass er nie so gut Skateboard fahren können würde wie Wirbel. Er musste etwas anderes finden, worin er gut war. Aber was könnte das sein? Er wusste es nicht und es fiel ihm schwer, den Gedanken festzuhalten, weil er ständig daran denken musste, was er wohl zum Geburtstag bekam. Er guckte wieder auf die Uhr. Immer noch würde es eine halbe Stunde dauern, ehe seine Eltern aufwachten.

Was hatten sie ihm wohl gekauft? Er hatte sich neue Schlittschuhe und ein Computerspiel gewünscht, aber er glaubte, er würde weder das eine noch das andere bekommen. Wenn sie ihm nur keine neuen Sachen zum Anziehen gekauft hatten. Das war ein schlechtes Geschenk. Mit neuer Kleidung konnte man nicht spielen.

Sachen, die Eltern für nützlich hielten, waren auch schlechte Geschenke. Das könnte eine neue Nachttischlampe oder ein Stuhl sein. Oder noch schlimmer, ein Teppich.

Hoffentlich bekam er keinen Teppich! Dann würde es ihm schwer fallen, froh auszusehen.

Jeden Morgen, wenn er wach wurde, müsste er dann den nützlichen Teppich sehen, der auf dem Fußboden lag und zu nichts zu gebrauchen war. Teppiche, die Eltern kauften, konnten nicht fliegen. Sie lagen nur auf dem Fußboden, und wenn man Pech hatte, stolperte man über sie und knallte womöglich hin.

Plötzlich war Lukas sicher, dass er einen Teppich bekommen würde. Er war so sicher, dass ihn schon der Gedanke wütend machte. Den könnte er nicht mal gegen etwas anderes tauschen. Wer von seinen Freunden würde schon einen Teppich haben wollen? Und Wirbel würde natürlich lachen.

»Es ist ungerecht«, sagte Lukas ins Zimmer. »Ich will keinen neuen Teppich haben.«

Dann dachte er wieder an Wirbel. Es gab so viele Ungerechtigkeiten. Wirbel hatte mitten im Sommer Geburtstag, wenn man draußen im Garten sitzen konnte. Warum musste Lukas im März Geburtstag haben, wenn ein Mistwetter war? Wenn es regnete oder schneite, konnte man nicht draußen sitzen.

Man müsste selbst bestimmen können, dachte Lukas, an welchem Tag man Geburtstag hat, wie man heißen will, in was man gut sein will.

Das würde er sich nächstes Jahr wünschen, einen neuen Geburtstag!

Er guckte wieder auf die Uhr. Die Zeiger hatten sich ein bisschen vorwärts bewegt.

Die Zeit verging furchtbar langsam.

Dann schlief er ein, ohne dass er es merkte.

Er hörte nicht den Wecker im Schlafzimmer seiner Eltern klingeln und wurde erst wach, als in seinem Zimmer Licht anging.

Und dann bekam er sein Geschenk.

Zuerst war Lukas enttäuscht.

Als er aufwachte und Mama und Papa in seinem Zimmer standen und sangen, hatten sie nur einen Pappkarton bei sich. Den hatten sie nicht mal hübsch verpackt und mit einer Schnur umwickelt. Lukas fand, er sah aus wie einer der alten Pappkartons in der Garage, in denen sie alte Schuhe aufbewahrten. Es half auch nichts, dass Mama ein Tablett mit einer Torte und sechs brennenden Kerzen trug. Lukas starrte den Pappkarton an. Warum schenkten sie ihm einen Karton mit alten Schuhen zum Geburtstag?

Er fühlte, dass seine Unterlippe zu zittern begann, und hinter seinen Augen wurde es heiß. Aber er wollte nicht heulen, er wollte nicht zeigen, dass er enttäuscht war. Papa konnte böse werden. Er mochte es nicht, wenn man unnötig traurig war, wie er zu sagen pflegte. Lukas fragte sich auch, warum Wirbel nicht dabei war. Schlief er noch, obwohl sein kleiner Bruder Geburtstag hatte? An so einem wichtigen Tag, an dem er doppelt so alt wie Lukas wurde? Aber in dem Augenblick, als Lukas an Wirbel dachte, kam er ins Zimmer. Er hatte nur einen Pantoffel an und sah ganz verschlafen aus.

»Jetzt singen wir«, sagte Axel mit seiner dröhnenden Stimme. Dann sangen sie das Geburtstagslied und Axel sang so laut, dass die Fensterscheiben klirrten. Beatrice war kaum zu hören, aber Lukas sah, dass sie die Lippen bewegte. Und sie lächelte. Lukas dachte, dass einfach keine Schuhe in dem Karton sein konnten. So gemein waren seine Eltern nicht. Aber dann zweifelte er wieder, als er Wirbel anschaute. Er sang überhaupt nicht. Er grinste Lukas bloß an. Niemand konnte so grinsen wie Wirbel. Er grinste, dass man sauer, traurig und ängstlich wurde, alles gleichzeitig. Er weiß natürlich, was in dem Karton ist, dachte Lukas. Er weiß, dass es ein Paar alte Schuhe sind. Lukas überlegte, ob er abhauen sollte. Wenn er ein Paar alte Schuhe zum Geburtstag bekam, konnte das nur bedeuten, dass seine Familie ihn nicht mehr mochte. Und dann würde er abhauen. Er würde irgendwo hingehen, wo man ordentlich eingewickelte Pakete zum Geburtstag bekam.

Plötzlich hörte Lukas etwas.

Es war ein Laut, der sogar Papa Axels dröhnende Stimme übertönte.

Was war das? Da – wieder! Es klang wie ein Piepsen. Und plötzlich, in dem Augenblick, als das Geburtstagslied zu

Ende war, fing der Karton an sich zu bewegen. Er fing an zu hüpfen, der Deckel wackelte, als ob der Karton ein Topf wäre, in dem Wasser kochte.

Lukas starrte den Karton an. Da waren keine alten Schuhe. Da war etwas, das sich bewegte. Etwas schob sich über den Kartonrand heraus. Was war das? Erst konnte Lukas nichts erkennen. Aber dann sah er, dass es eine Pfote war. Eine schwarze Pfote. Und dann tauchte der

Kopf auf und da begriff er, dass er eine Katze zum Geburtstag bekommen hatte. Eine ganz schwarze Katze, die jetzt aus dem Karton kletterte. Sie sprang auf den Fußboden, sie sah Lukas an und miaute.

Dann pinkelte sie auf Papa Axels einen Fuß.

»Hoffentlich ist sie bald stubenrein«, sagte Axel und lachte. »Sie kriegt eine Kiste mit Sand, da kann sie reinpinkeln. Herzlichen Glückwunsch zum Geburtstag, Lukas. Jetzt bist du ein großer Junge.«

»Herzlichen Glückwunsch«, sagte Beatrice. (So war das immer bei ihnen zu Hause. Erst sagte Papa Axel etwas, dann wiederholte Beatrice, was er gesagt hatte.)

»In meinem Zimmer will ich sie nicht haben«, sagte Wirbel streng. »Ich will nicht, dass sie mir was kaputtmacht.«

»Meine Katze macht nichts kaputt«, antwortete Lukas wütend. »Übrigens will sie auch gar nicht in deinem Zimmer sein.«

Wirbel wollte gerade etwas antworten, aber Axel hob eine Hand.

»Heute wird nicht gezankt«, sagte er. »Lukas hat Geburtstag. Jetzt wollen wir Torte essen.«

Und das taten sie. Aber Lukas merkte kaum, wie die Torte schmeckte, er musste immerzu die kleine Katze anschauen, die angefangen hatte das Zimmer zu untersuchen. Sie kroch unters Bett und kam plötzlich hinter der Kommode wieder hervor. Hin und wieder miaute sie und Beatrice sagte, dass sie wohl immer noch nach ihrer Mama suchte.

»Jetzt bist du eine Katzenmama geworden«, sagte Wirbel spöttisch.

Lukas sagte nichts. Aber er nahm sich vor, der Katze beizubringen Wirbel anzufauchen, wenn er dumme Sachen sagte.

Aber eigentlich war ihm Wirbel im Augenblick ganz egal.

Etwas war passiert, das war so merkwürdig, dass er es kaum verstehen konnte. Stimmte es wirklich? Doch, es war wahr. Er hatte eine kleine Katze bekommen. Dabei hatte er geglaubt, er würde nie ein eigenes Tier bekommen. Tiere machten viel zu viel Arbeit und man müsste erwachsen sein, ehe man die Verantwortung für eine Katze oder einen Hund übernehmen könnte, hatte Papa geantwortet, als Lukas nach einem eigenen Tier gefragt hatte. Wenn Papa mit so entschiedener Stimme etwas sagte, blieb es auch dabei und deswegen hatte Lukas die Hoffnung aufgegeben. Und nun hatte er trotzdem ein eigenes Tier bekommen, eine Katze, die ganz und gar schwarz war.

»Wie heißt sie?«, fragte Lukas.

»Das musst du dir selbst ausdenken«, antwortete Axel.

»Hoffentlich ist es kein weibliches Tier«, sagte Wirbel, »dann kriegt sie einen Haufen Junge.«

»Es ist ein Kater«, sagte Axel. »Musst du nicht bald zur Schule?«

Wirbel verschwand wortlos in seinem Zimmer. In diesem Augenblick fand Lukas es schön, dass er ging. Wirbel konnte manchmal furchtbar stören.

»Na«, fragte Axel, »was sagst du?«

»Danke«, sagte Lukas, »vielen, vielen Dank.«

»Jetzt darfst du nicht vergessen, dass du eine Katze hast«, sagte Beatrice. »Sie braucht jeden Tag Futter, du musst mit ihr spielen und den Sand in ihrer Kiste erneuern. Jetzt bist du groß, Lukas, sechs Jahre alt.«

»Ich werde mich um sie kümmern«, sagte Lukas.

»Ich muss jetzt los«, sagte Axel. »Was hast du übrigens gedacht, als wir mit einem alten Karton hereingekommen sind?«

»Dass ich ein Paar alte Schuhe kriegen sollte«, antwortete Lukas.

Axel zwinkerte ihm zu.

»Ich hab wohl gesehen, dass deine Unterlippe anfing zu zittern«, sagte er. »Aber das ist doch wohl klar, dass wir dir keine alten Schuhe schenken?«

»Das ist doch wohl klar«, sagte Beatrice.

Dann verließen sie das Zimmer und Lukas war zum ersten Mal allein mit seiner Katze.

Als er sie vom Fußboden aufhob, miaute sie. Dann fing sie an mit einem der Knöpfe an seinem Schlafanzug zu spielen.

Im selben Augenblick wusste Lukas, dass er diese Katze liebte. Er hatte oft darüber nachgedacht, was es bedeutete, zu lieben. Jetzt wusste er es. Diese Katze, die genauso schwarz war wie die Nacht, liebte er. Er hatte etwas zum Geburtstag bekommen, wovon er nicht mal zu träumen gewagt hätte.

Er wurde von Wirbel in seinen Gedanken unterbrochen, der plötzlich die Tür aufriss.

»Die darf nicht in mein Zimmer«, sagte er. »Vergiss das nicht!«

»Du sollst anklopfen«, sagte Lukas. »Schau, du hast sie erschreckt.«

»Ein Hund wäre besser gewesen«, sagte Wirbel. Dann knallte er die Tür zu.

Lukas erriet, dass Wirbel einfach neidisch war. Das machte die Sache nicht schlechter. Jetzt konnte Wirbel mal fühlen, wie das war. Häufig war Lukas neidisch, weil Wirbel so viel mehr durfte als er. Jetzt konnte Wirbel fühlen, wie das war.

Lukas merkte, dass mit diesem Tag etwas anders geworden war. Für eine eigene Katze verantwortlich zu sein, das war etwas sehr Schönes und Wichtiges. Nun musste er noch einen Namen für die Katze finden. Wie nannte man eigentlich eine ganz schwarze Katze? Er überlegte, ob sie genauso heißen könnte wie er, Lukas. Das könnte günstig sein, wenn Mama oder Papa riefen. Dann würden sie beide kommen. Aber was passierte, wenn Wirbel rief? Dann würde es Ärger geben, denn Wirbel wollte die Katze ja nicht in seinem Zimmer haben. Nein, er musste einen anderen Namen für sie finden. Er sah, dass sich die Katze plötzlich auf sein Kopfkissen gelegt hatte und eingeschlafen war. Sie war ganz schwarz gegen das weiße Kissen. Und da fiel ihm ein, wie sie heißen sollte. Lukas kannte nichts, was so schwarz war wie die Nacht, so schwarz und dunkel. Und was sagte Papa Axel manchmal? »Im Dunkeln ist gut munkeln …«

Munkel sollte sein Kater heißen. Auf der ganzen Welt gab es bestimmt keinen anderen Kater, der so hieß.

Vorsichtig legte er seinen Kopf dicht neben die Katze. Sofort fing sie an zu schnurren.

»Munkel«, sagte Lukas. »Ich habe eine Katze, die heißt Munkel. Ich habe dich.«

Dann schlief Lukas ein, und als Mama Beatrice sich fragte, warum es so still in seinem Zimmer war, und hereinschaute, war nur Munkel wach und Lukas schlief.

Von diesem Tag an dachte Lukas an fast nichts anderes als an seine Katze. Munkel war ein besonderer Kater. Obwohl er nur miauen oder piepsen konnte, wenn er hungrig war, glaubte Lukas, dass er alles verstand, was Lukas sagte. Lukas hatte beschlossen die Katzensprache zu lernen, wenn sein Kater nicht sprechen lernte. Und dann würden sie beide in die Welt hinausziehen.

Niemals hätte er gedacht, dass er zu seinem sechsten Geburtstag so ein wunderbares Geschenk bekommen würde.

Dann begann Lukas' neues Leben zusammen mit Munkel.

Er merkte bald, dass nichts mehr so war wie früher, seit Munkel ins Haus gekommen war. Jeden Morgen wurde er von Munkel geweckt. Er sprang aufs Bett, und wenn er fand, dass Lukas zu lange schlief, legte er sich auf sein Gesicht. Tief drinnen in seinen Träumen hörte Lukas ihn schnurren und dann wurde er langsam wach und schlug die Augen auf. Das Katzenfell war weich, es roch nach Laub und Regen und nach Munkel.

Es gab nur ein Problem, Munkel konnte die Uhr nicht lesen. Manchmal weckte er Lukas schon morgens um vier. Lukas versuchte ihm zu erklären, dass es zu früh war und dass er länger schlafen wollte. Aber Munkel spielte weiter, und wenn Lukas sich die Decke über den Kopf zog, riss Munkel am Laken und biss ihn in die Zehen. Lukas blieb nichts anderes übrig als aufzustehen und in die Küche zu gehen und Munkel Milch in die Schüssel zu gießen, die auf dem Fußboden neben dem Herd stand.

Dann schloss er die Küchentür und lief zurück in sein Bett. Munkel saß in der Küche und miaute und wurde erst herausgelassen, wenn Beatrice und Axel aufstanden. Wirbel hatte natürlich wegen Munkels Katzenklo Krach gemacht. Er wollte bestimmen, wo es stehen sollte. Zuerst hatte Lukas gedacht, es könnte in der Küche stehen. Dort konnte man leicht allen Sand aufwischen, den Munkel herumstreute. Aber Wirbel hatte gejammert, das würde so stinken und er könne dort nicht mehr essen. Lukas hatte keinen Geruch bemerkt und Beatrice und Axel hatten auch nichts gesagt, bevor Wirbel anfing zu meckern. Da war Axel der Kragen geplatzt und er hatte gesagt, die Kiste müsse in Lukas' Zimmer stehen. Und Lukas hatte beschlossen Munkel so zu trainieren, dass er Wirbel anfauchte, wenn der was Blödes sagte. Aber erst musste Munkel wachsen. Noch war er ein Katzenkind, das herumhüpfte und -kugelte, an den Vorhängen hinaufkletterte und Schuhe durch den Vorraum zerrte.

In der ersten Zeit, nachdem er ins Haus gekommen war, durfte Munkel nicht nach draußen. Axel sagte, er müsse sich erst an sein neues Zuhause gewöhnen. Sonst könnte er plötzlich verschwinden. Lukas befürchtete außerdem, jemand könnte seinen Kater stehlen, wenn der sich draußen zeigte. Mehrere Male, als Lukas nach ihm rief und Munkel nicht kam, kriegte Lukas Angst, er könnte doch nach draußen entwischt und verschwunden sein.

Dann fing sein Herz an zu hämmern wie sonst nur, wenn er aus einem Alptraum erwachte. Er rief nach Munkel, durchsuchte das ganze Haus, aber Munkel war weg.

Lukas lernte schnell, wo Munkel sich versteckte, wenn er in Ruhe gelassen werden und nur schlafen wollte. Oft legte er sich in den Wäschekorb im Badezimmer. Manchmal versteckte er sich in Axels Schrank. Und hin und wieder sprang er auf einen der höchsten Küchenschränke und legte sich dort schlafen. Aber es passierte auch, dass Lukas ihn gar nicht finden konnte. Und wenn er so traurig war, dass seine Unterlippe zitterte, half Beatrice ihm suchen. Und schließlich fanden sie ihn wieder. Einmal hatte er den Weg in die Garage gefunden und es sich in einer Kiste mit Putzlappen bequem gemacht. Jedes Mal wenn Lukas Munkel wiederfand, war er so froh, dass er lange stillsitzen und seinen Kater anschauen musste. Für Lukas war es etwas ganz Neues, dass man so froh sein konnte, dass man nichts anderes tun konnte als ganz, ganz stillzusitzen. Früher war Freude anders gewesen, da musste er laut rufen oder auf der Stelle hüpfen. Aber als Munkel in Lukas' Leben kam, geschah etwas vollkommen Neues.

Das große Problem war Wirbel. Lukas war ziemlich bald sicher, dass Wirbel eifersüchtig war, weil er eine Katze bekommen hatte. Es passierte, dass er Munkel am Schwanz zog. Nicht so fest, dass es wirklich wehtat, aber doch fest genug, dass Munkel piepste. Dann wurde Lukas blitzwütend und fing an auf Wirbel einzuschlagen, der natürlich nur lachte. War Papa Axel zu Hause, konnte er auch wütend werden und das Ganze endete damit, dass Lukas Munkel mit in sein Zimmer nahm und die Tür zumachte. Ihm war aufgefallen, dass Wirbel ihn und Munkel immer dann ärgerte, wenn Papa zu Hause war, und am liebsten an den Tagen, wenn Papa müde oder schlechter Laune war. Lukas hatte Wirbel im Verdacht, dass er hoffte, Papa würde das Gezeter um Munkel so leid werden, dass er ihn nicht mehr im Haus haben wollte.

Der Gedanke war entsetzlich. Vorsichtshalber hatte er immer ein kleines geheimes Proviantpäckchen im Kühlschrank. Wenn Munkel nicht bleiben durfte, würde er auch nicht bleiben. Dann würden sie eben zusammen weggehen.

Einmal, als Papa richtig schlechter Laune war und sich beklagt hatte, dass es jeden Tag Krach wegen der Katze gab, hatte Lukas Mama gefragt, ob Papa es bereute, Munkel angeschafft zu haben. Mama beruhigte ihn und sagte, sie würden ihm die Katze nie wegnehmen. Lukas dachte, das müsse wohl wahr sein, aber ganz sicher war er auch dann nicht. Jeden Tag bereitete er sein geheimes Proviantpäckchen vor und legte es hinter die Milch, ganz hinten in den Kühlschrank.

Am besten wäre es gewesen, wenn Wirbel eine eigene Katze bekommen hätte. Oder noch besser ein anderes Tier. Ein Hund würde wahrscheinlich nicht so gut passen. Aber vielleicht Fische oder Kanarienvögel? Lukas überlegte, ob es nicht geschickt wäre, wenn er selbst Wirbel ein Tier zum Geburtstag schenkte. Als er eines Tages mit Beatrice einkaufen ging, lockte er sie in eine Zoohandlung. Aber er war ganz niedergeschmettert, als er sah, wie viel ein Aquarium kostete, sogar das kleinste, das es in dem Laden gab. Und für einen Vogelkäfig mit Vögeln drin würde er nie genug Geld haben.

Lukas hatte also viel zu grübeln und alles drehte sich um Munkel. Jeder Tag brachte ein neues Problem. Aber jeden Tag dachte Lukas auch, dass die Katze das Schönste in seinem bisherigen Leben war.

Abends, bevor er einschlief, redete er mit Munkel, der sich häufig neben ihm auf dem Kopfkissen zusammenrollte. Wenn Lukas die Augen schloss, war es, als ob er eine unsichtbare Tür schloss und eine Welt betrat, die nur ihm und Munkel gehörte. Es war eine geheime Welt, die niemand anders kannte. Obwohl sie nur in seinem Kopf existierte, war sie dennoch wirklich. Man konnte in dieser Welt hinter seinen geschlossenen Augenlidern herumspazieren und alles sah ganz normal aus, und doch war alles anders.

Diese geheime Welt ist eine Zauberwelt, dachte Lukas. Es

gab Zauberwege und Zauberhäuser, Zaubergeschäfte und Zauberskateboards. In der geheimen Welt sprach man eine Zaubersprache und trug Zauberkleider. Manchmal schien eine Zaubersonne, manchmal regnete es Zauberregen. Man aß Zauberessen und spielte Zauberspiele, lachte Zauberlachen und bekam Zauberschürfwunden, wenn man stolperte und auf die Knie fiel. Alles war genau wie in der Wirklichkeit. Aber wenn Lukas das Wort Zauber hinzufügte, wurde alles geheim und aufregend. Er lag in seinem Bett und träumte von all den Abenteuern, die er selber, Zauber-Lukas, und Zauber-Munkel zusammen erleben würden. Es musste nur erst Sommer und warm werden.

Und schließlich kam der Sommer. Lukas und Wirbel halfen Papa Axel den Wohnwagen zu putzen, der neben der Garage stand. Sie schrubbten und spritzten ihn mit dem Wasserschlauch ab, bis sie selber ganz nass waren. Eines Tages Anfang Juni fuhren sie mit dem Wohnwagen zu dem Campingplatz am See, wo sie jeden Sommer verbrachten. Ehe Axel Urlaub bekam, fuhren sie jedes Wochenende hinaus, schon am Freitag fuhren sie los. Aber wenn er Urlaub hatte, wohnten sie einen ganzen Monat draußen am See.

Lukas machte sich Sorgen, was passieren würde, wenn Munkel das erste Mal Auto fahren musste. Würde er nervös werden? Würde er versuchen wegzulaufen? Aber zu seiner Erleichterung hatte Axel auch daran gedacht und eines Tages brachte er ein gelbes Halsband für Munkel mit.

»Jetzt musst du dem Kater beibringen an der Leine zu gehen«, sagte er.

Mit einem schwarzen Stift schrieb Lukas Munkels Namen auf das Halsband. Sicherheitshalber zeichnete er auch noch einen Totenkopf dazu, damit niemand es wagen würde, Munkel zu klauen.

Munkel mochte das Halsband überhaupt nicht. Es war auch nicht leicht, ihm beizubringen an der Leine zu gehen. Er biss daran herum und verwickelte sich darin. Wirbel sah zu und grinste. Aber Lukas gab nicht auf. Er wusste, dass Munkel es lernen musste, damit es keine Probleme gab.

Es wurde ein langer, heißer Sommer im Wohnwagen. Lukas nahm Munkel mit zu der Höhle, die er im letzten Sommer gebaut hatte. Im Winter war sie zusammengebrochen und in zwei Teile zerfallen. Lukas baute ein Dach aus Ästen und Tannenzweigen. Dann verdeckte er den Eingang. Wenn man davor stand, war kaum noch zu sehen, dass es hier eine Höhle gab. Lukas kroch hinein und ließ Munkel frei. Dort drinnen konnten sie stundenlang sein. Lukas schloss die Augen und malte sich aus, sie wären tief in der Zauberwelt. Erst als er Beatrice rufen

hörte, das Essen sei fertig, legte er Munkel wieder an die Leine und kroch aus der Höhle.

»Du musst Munkel auch rufen«, sagte er. »Munkel hat auch Hunger.«

»Das hab ich vergessen«, antwortete Beatrice. »Nächstes Mal werde ich dran denken.«

Wirbel hatte seine eigenen Freunde und deswegen den ganzen Sommer keine Zeit, Lukas und Munkel zu ärgern. Meistens schlief er mit seinen Freunden im Zelt und Lukas konnte allein in seinem kleinen Bett mit Munkel im Wohnwagen schlafen. Axel und Beatrice war es egal, dass Munkel nachts in ihren Betten herumsprang. In diesem Sommer wurde Lukas immer ruhiger. Niemand würde ihm seinen Kater wegnehmen!

Er hatte auch eigene Spielkameraden, die in anderen Wohnwagen wohnten, die in langen Reihen am Seeufer standen. Wenn er mit ihnen spielte, ließ er Munkel im Wohnwagen und Beatrice versprach ihn nicht rauszulassen.

Der einzige Fehler an diesem Sommer war, dass er so schnell verging. Lukas versuchte nicht daran zu denken, dass bald August war. In diesem Jahr kam er zur Schule und er war gleichzeitig voller Erwartung und Sorge, wie das werden würde. Am besten, er dachte überhaupt nicht daran. Aber die Tage vergingen und hin und wieder sagte Axel, dass es abends schon dunkler wurde.

Lukas dachte manchmal darüber nach, warum es keine Schulen für Katzen gab. Warum sollten Katzen nicht auch Verschiedenes lernen? Er versuchte sich eine Reihe kleiner Katzen vorzustellen, die auf Bänken saßen und die Pfoten hoben und einem Katzenlehrer, der an der Tafel stand, sagten, wie sie hießen.

Eines Abends, bevor er einschlief, beschloss er eine Schule extra für Munkel zu gründen. Er würde ihm dieselben Sachen beibringen, die er selbst in der Schule lernte.

Dann schlief er ein und einige Tage später zogen sie wieder zurück in den Ebereschenweg. Der Wohnwagen blieb am See stehen, weil sie weiter jedes Wochenende hinausfahren wollten.

Aber Axels Urlaub war vorbei, da half alles nichts. Und in drei Wochen kam Lukas in die Schule.

Das würden drei lange Wochen werden, dachte er. Drei Wochen warten auf den ersten Schultag.

Aber nichts wurde, wie er es sich vorgestellt hatte.

Denn eines Morgens war Munkel verschwunden.

Munkel verschwand an einem ganz gewöhnlichen Tag. Als Lukas morgens erwachte, wusste er, dass Donnerstag war und dass es Pfannkuchen zum Mittagessen geben würde. Er streckte sich und tastete die Stelle der Decke ab, wo Munkel sonst lag. Dann fiel ihm ein, dass Munkel ihn lange vor der Dämmerung geweckt hatte. Müde und vielleicht auch ein bisschen ärgerlich war Lukas in die Küche gestolpert und der Kater war ihm um die Füße herumgehüpft. Lukas hatte ihm Hering auf den Teller gelegt. Dann hatte er die Küchentür zugemacht und war wieder ins Bett gegangen und sofort eingeschlafen. Aber als Lukas jetzt in die Küche ging, war dort kein Munkel. Lukas rief nach ihm, doch es kam keine Antwort. Er stellte einen Stuhl vor die Spüle und stieg hinauf, um auf dem Küchenschrank nachzusehen. Auch dort lag Munkel nicht. Lukas stellte den Stuhl zurück und dachte, dass Papa beim Frühstücken vielleicht vergessen hatte die Küchentür zu schließen. Munkel hatte sich bestimmt irgendwo im Haus versteckt. Noch machte Lukas sich keine Sorgen.

Er hatte sich inzwischen daran gewöhnt, dass Munkel genauso war wie er. Manchmal wollte er einfach seine Ruhe haben.

Da Munkel kein eigenes Zimmer hatte, in dem er die Tür hinter sich zumachen konnte, musste er sich ständig neue Verstecke suchen. Lukas fand Munkel viel gewitzter als sich selbst, neue Verstecke zu finden, die schwer zu entdecken waren.

Lukas setzte sich an den Küchentisch, trank Milch und aß ein Butterbrot. Er hörte Mama draußen im Waschhäuschen hantieren. Die Waschmaschine heulte wie ein Flugzeugmotor, wenn sie lief. Vielleicht war Munkel bei Mama im Waschhäuschen. Er spielte gern in den Haufen schmutziger Wäsche.

Als Lukas mit Frühstücken fertig war, ging er hinaus.

»Ist Munkel hier?«, fragte er Mama.

»Ich weiß nicht«, antwortete Beatrice. »Aber ich glaube, ich hab ihn eben noch gesehen. Doch, irgendwo hier ist er wohl.«

Lukas ging in sein Zimmer und zog sich an. Als er aus dem Fenster sah, wurde ihm klar, dass er einen Tag vor sich hatte, an dem er drinnen bleiben musste. Es war stürmisch und regnete und die Tropfen trommelten gegen die Fensterscheibe. Er drückte die Nase gegen die Scheibe und überlegte, was Papa wohl heute mit seinem Laster transportierte. Hoffentlich funktionierten die Scheibenwischer richtig. Manchmal hatte Lukas Angst, Papa könnte einen Unfall mit seinem großen Laster haben.

Er hörte, dass es immer noch still in Wirbels Zimmer war. Manchmal schlief Wirbel bis zehn. Und Lukas wünschte manchmal, er würde den ganzen Tag schlafen. Dann brauchte er sich keine Sorgen zu machen, dass Wirbel sauer auf ihn oder Munkel wurde.

Dann fing er an richtig nach Munkel zu suchen. Zuerst suchte er alle Verstecke ab, die er kannte. Aber Munkel war nicht da. Dann ging er durch alle Zimmer. Er schlich so leise, wie er konnte, um die Suche in ein Spiel zu verwandeln. Er wollte Munkel nicht erschrecken, aber er versuchte so leise zu gehen, dass Munkel ihn nicht hörte und die Ohren spitzte oder aufwachte.

Aber Munkel war weg. Er war nirgends.

Und plötzlich, aus dem Nichts, kam das entsetzliche Gefühl in Lukas' Bauch, Munkel könnte richtig verschwunden sein. Er bekam Angst, als ob er einen Alptraum hätte, aus dem er nur schwer erwachte.

»Ich kann Munkel nicht finden«, sagte er zu Beatrice, die Malerfarbe von einem alten Stuhl abkratzte.

»Er kommt schon wieder hervor, wenn er Hunger hat«, antwortete sie.

Aber Lukas war sicher, dass Munkel verschwunden war. Das Gefühl war so stark, dass er es nicht einfach wegschieben konnte.

»Er ist weggelaufen«, sagte er.

Beatrice lächelte ihn an.

»Das glaubst du immer, wenn er sich irgendwo versteckt hat und du ihn nicht sofort findest«, antwortete sie.

»Er ist weg«, wiederholte Lukas. Seine Stimme klang belegt.

Beatrice sah ihn erstaunt an. Sie hatte gehört, dass seine Stimme nach Weinen klang.

»Natürlich ist er nicht verschwunden«, sagte sie. »Heute Morgen, als Papa und ich gefrühstückt haben, ist er in der Küche herumgehüpft. Die Heringsgräten waren über den ganzen Fußboden verstreut. Du brauchst dir keine Sorgen zu machen. Bei diesem Regen würde er doch nicht rausgehen. Katzen mögen keinen Regen, das weißt du doch.«

Für einen kurzen Moment war Lukas beruhigt. Was Mama sagte, stimmte. Munkel mochte kein Wasser. Ein einziges Mal hatte Lukas versucht ihn zu baden und danach beschlossen es nie wieder zu versuchen. Munkel hatte gekämpft und ihn gekratzt und schließlich war Lukas voller Seife und nass gewesen. Munkel hatte sich unterm Sofa im Wohnzimmer versteckt und es hatte mehrere Stunden gedauert, ehe er wieder hervorgekommen war.

Lukas war also ruhiger. Aber nur für eine kleine Weile. Er durchsuchte noch einmal das ganze Haus. Jetzt machte er so viel Lärm, wie er konnte, damit Munkel sich zeigte. Außerdem holte er eine Dose Katzenfutter aus der Speisekammer. Die nahm er mit auf seiner Suche und schlug dagegen. Das Geräusch kannte Munkel, dann kam er immer sofort angeflitzt, auch wenn er gerade zu fressen bekommen hatte.

Aber Munkel war weg. Er war nirgends. Schließlich half Beatrice Lukas suchen. Als Wirbel wach wurde und sah, wie traurig Lukas war, fing auch er an nach dem Kater zu rufen.

Sie suchten den ganzen Tag, aber Munkel tauchte nicht auf. Lukas und Beatrice zogen Stiefel und Regenkleider an und gingen hinaus. Es war fast wie ein richtiges Herbstunwetter, es stürmte und um ihre Füße platschte der Regen. Sie durchsuchten den ganzen Garten und Beatrice fragte die Nachbarn, ob sie Munkel gesehen hätten. Doch alle schüttelten nur den Kopf, niemand hatte ihn gesehen.

Als Axel abends nach Hause kam, fing auch er an zu suchen. Das war Lukas' letzte Hoffnung. Wenn er Munkel nicht fand, dann würde ihn niemand finden.

Aber Munkel blieb verschwunden.

»Wie ist er denn rausgekommen?«, fragte Axel. »Und warum wollte er ausgerechnet an so einem Tag verschwinden, wenn es wie aus Eimern gießt?«

Aber Lukas wollte nicht wissen, warum Munkel verschwunden war. Er wollte nur, dass ihm jemand half seinen Kater zu finden. Axel und Beatrice und sogar Wirbel versuchten ihn zu trösten.

»Er kommt wieder«, sagten sie wieder und wieder.

»Munkel mag nicht nass werden«, antwortete Lukas.

»Eine Katze kommt immer zurecht«, sagte Axel. »Eine Katze hat neun Leben, sagt man. Du brauchst dir keine Sorgen zu machen. Munkel kommt wieder.«

»Mir ist es egal, dass Munkel neun Leben hat«, sagte Lukas. »Ich will, dass er hier ist.«

»Wenn er wirklich weg ist, kriegst du eben eine neue Katze«, sagte Wirbel. Das war das Dümmste, was er sagen konnte. Er meinte es bestimmt nicht böse. Aber für Lukas war es, als ob es Munkel nicht mehr gäbe, als ob er nicht mehr lebte, als ob es ihn vielleicht nie gegeben hätte. Hatte er alles nur geträumt? Hatte er sein Geburtstagsgeschenk geträumt, das er vor fast einem halben Jahr bekommen hatte? Hatte er so lange geschlafen und sich nur eingebildet wach zu sein? Vielleicht hatte er ja doch nur einen Teppich oder einen Karton mit alten Schuhen bekommen?

»Ich will keine andere Katze als Munkel«, sagte er und nun musste er doch weinen. »Es gibt nur eine einzige Katze auf der ganzen Welt, die ich gern hab.«

An diesem Abend wollte Lukas nicht ins Bett. Er ging von Fenster zu Fenster und sah hinaus in die Dunkelheit.

Draußen tanzte der Regen um die schwankenden Straßenlaternen. Er versuchte direkt durch die Dunkelheit hindurchzusehen und Munkel zu zwingen zurückzukommen.

Aber die Straße war leer. Munkel war weg.

Als Lukas schließlich auf einem Stuhl eingeschlafen war, den er an das Fenster im Wohnzimmer gestellt hatte, trug Axel ihn ins Schlafzimmer der Eltern.

»Es ist das Beste, er schläft bei uns, falls er wach wird«, flüsterte er.

»Was sollen wir tun?«, fragte Beatrice.

»Ich weiß nicht«, sagte Axel. »Wir können nur hoffen, dass der Kater wiederkommt.«

Aber auch am nächsten Tag kam Munkel nicht wieder. Beatrice schrieb kleine Zettel, die sie und Lukas an Pfosten, Anschlagtafeln und im Lebensmittelgeschäft aufhängen wollten.

Katze entlaufen

Wer hat einen schwarzen Kater
mit weißer Schwanzspitze gesehen?

Entlaufen vom Ebereschenweg 19
Tel. 49 14 08
Finderlohn

»Schreib ›eine Million‹ hin«, sagte Lukas.

»Das kann ich nicht«, antwortete Beatrice. »So viel Geld haben wir nicht.«

»Schreib's trotzdem hin«, sagte Lukas. »Dann begreifen die Leute, wie sehr ich ihn vermisse.«

»Das verstehen sie bestimmt auch so«, sagte Beatrice.

Auch am zweiten Tag, an dem Munkel verschwunden war, regnete es weiter. Lukas half Beatrice die Zettel zu verteilen. Als sie wieder nach Hause kamen, bat Lukas um ein wenig Geld, damit er sich ein Comicheft kaufen konnte. Beatrice hielt das für eine gute Idee. Dann würde er nicht mehr so viel darüber nachgrübeln, wo Munkel geblieben sein könnte. Aber Lukas kaufte kein Comicheft. Er ging zu all den Stellen, wo sie Zettel angeschlagen hatten, und fügte noch eine Zeile hinzu.

EINE MILJON

Er wusste nicht genau, wie man das Wort schrieb, und fragte eine der Frauen, die im Laden an der Kasse saßen. Aber sie sah ihn nur böse an und sagte, er solle den Leuten, die bezahlen wollten, nicht im Weg stehen. Da ging er wieder auf die Straße und fragte den alten Trumlund, der immer in einer kleinen Bude saß und Lotterielose verkaufte.

»Das schreibt man, wie man es spricht«, sagte Trumlund. Lukas gab auf und schrieb das Wort, wie er es für richtig hielt. Die Leute würden es schon verstehen.

Dann ging er wieder nach Hause. Die ganze Zeit rief er nach Munkel.

»Hast du kein Heft gekauft?«, fragte Beatrice erstaunt.

»Es gab keine mehr«, antwortete Lukas.

»Du hättest doch etwas anderes kaufen können?«

»Ich spar das Geld lieber, bis ich eine Million zusammenhabe«, sagte Lukas.

Am selben Abend beschloss er zwei Dinge. Er würde die Suche nicht aufgeben, bis er Munkel gefunden hatte. Er wusste, dass Munkel ihn brauchte. Und er beschloss, wenn Munkel nicht bis zum nächsten Morgen zurückgekommen war, würde er von zu Hause weggehen und nach ihm suchen. Vielleicht war es leichter, Munkel zu finden, wenn er selbst versuchte wie eine Katze zu leben.

Draußen in der Nacht, einsam durch die Schatten schleichend. Als er das beschlossen hatte, ging er wieder ins Wohnzimmer und zog den Stuhl ans Fenster. Dann saß er den ganzen Abend da und spähte hinaus in die Dunkelheit.

Manchmal sprang er vom Stuhl auf. Er meinte glitzernde Katzenaugen in der Dunkelheit gesehen zu haben. Aber dann waren sie weg und alles war wieder schwarz, ganz schwarz.

»Ich werde dich finden, Munkel«, sagte er vor sich hin, leise, damit ihn niemand hörte. »Ich weiß, dass etwas passiert ist. Aber ich werde dich finden. Das verspreche ich.«

In dieser Nacht trug Axel Lukas in sein eigenes Bett, als er auf dem Stuhl am Fenster eingeschlafen war.

Am nächsten Tag hatte es fast aufgehört zu regnen. Zerrissene graue Wolken jagten einander am Himmel. Hin und wieder, zwischen den Regenschauern, schien eine kalte Sonne auf die Straßen, die immer noch nass waren. Lukas stand lange an seinem Fenster und sah in den Garten.

Aber Munkel war nicht zurückgekommen.

Munkel war immer noch verschwunden.

Der dritte Tag nach Munkels Verschwinden wurde ganz anders, als Lukas gedacht hatte.

Was hatte er da angerichtet!

Vom frühen Morgen an klingelte das Telefon und klopfte es an der Haustür. Menschen schleppten Katzen in allen denkbaren Farben an. Eine alte Frau kam durch die Pfützen geplatscht mit einer gelben Katze und fragte Axel, der verschlafen die Tür öffnete, ob das nicht die entlaufene Katze war.

»Wie?«, sagte Axel. »Eine gelbe Katze? Unser Kater war schwarz, nur am äußersten Schwanzende nicht, da war er weiß.«

»Trotzdem«, sagte die alte Frau, »vielleicht ist dies ja doch die richtige Katze.«

»Nein«, antwortete Axel. »Aber vielen Dank, dass Sie sich die Mühe gemacht haben.«

Gleichzeitig klingelte das Telefon. Beatrice hob ab und hatte nach dem Gespräch kaum aufgelegt, da klingelte es schon wieder.

Axel schaffte es kaum, sich anzuziehen, weil er dauernd die Tür öffnen musste.

Schwarze Katzen, graue Katzen, hässliche Katzen, hübsche Katzen, alte Katzen, junge Katzen, Katzen mit bösen Augen, schnurrende Katzen, die sich an ihren Beinen rieben; alle wurden in Pappkartons oder im Regenmantel gebracht.

»Was ist eigentlich los?«, sagte Axel schließlich. »Die ganze Stadt schleppt uns ihre Katzen an. Was steht eigentlich auf den Zetteln, die ihr gestern aufgehängt habt?«

»Dass die entlaufene Katze schwarz mit einer weißen Schwanzspitze ist«, antwortete Beatrice. »Ich verstehe

nicht, warum uns die Leute sogar Katzen bringen, die nicht schwarz sind.«

Die ganze Zeit über schlief Lukas und hatte keine Ahnung von all den Leuten, die dachten, die Katzen, die sie anschleppten, könnten Munkel sein. Erst als er aufgewacht und Axel vor dem Theater zu seiner Arbeit geflüchtet war, wurde ihm klar, was er angerichtet hatte.

»Verstehst du, dass die Leute nicht lesen können?«, fragte Beatrice seufzend.

»Ich glaub schon, dass die Leute lesen können«, antwortete Lukas. »Ich hab auf die Zettel geschrieben, dass es eine Million Finderlohn gibt. Wahrscheinlich habe ich es falsch geschrieben, aber die Leute müssen es trotzdem verstanden haben.«

Beatrice war so überrascht, dass sie sich auf einen Küchenstuhl fallen ließ.

»Was hast du getan?!«

Lukas wiederholte, was er gesagt hatte.

»Ich hab gesagt, dass ich ein Comicheft kaufen wollte. Aber eigentlich wollte ich nur auf die Zettel schreiben, dass es eine Million Finderlohn gibt.«

Lukas war ganz erstaunt, dass es ihm so leicht fiel, die Wahrheit zu sagen. Es war, als ob seit Munkels Verschwinden alles, was früher schwierig gewesen war, leicht geworden war. Da nur Munkel ihm etwas bedeutete, war alles andere gleichgültig.

Beatrice schüttelte den Kopf.

»Lukas«, sagte sie langsam, »warum hast du das getan?«

»Ich weiß nicht«, antwortete er. »Ich musste es einfach tun.«

Weiter kamen sie nicht, da klingelte es schon wieder an der Tür.

»Noch mehr braune Katzen halte ich nicht aus«, sagte Beatrice.

»Ich mach auf«, sagte Lukas und ging an die Tür.

Draußen stand ein Mann mit einer großen Tasche über der Schulter. Lukas überlegte rasch, ob der Mann vielleicht eine Katze darin versteckt hatte.

»Kriegt man hier eine Million Finderlohn, wenn man eine weggelaufene Katze gefunden hat?«, fragte der Mann.

»Ja«, sagte Lukas.

Der Mann lachte.

»Kann eine Katze so viel wert sein?«, fragte er.

»Ja«, antwortete Lukas. »Munkel ist so viel wert.«

»Munkel?«

»Mein Kater heißt Munkel.«

In dem Augenblick kam Beatrice an die Haustür.

»Das ist natürlich ein Missverständnis«, sagte sie. »Wir können keine Million Finderlohn bezahlen.«

»Ich bin Journalist«, sagte der Mann. »Ich wollte in der Zeitung etwas über diese Katze bringen, die eine Million wert ist.«

Beatrice wehrte erschrocken ab.

»Das geht nicht«, sagte sie. »Den ganzen Morgen haben uns die Leute schon mit allen möglichen Katzen das Haus eingerannt. Wenn Sie das in der Zeitung bringen, kommen noch mehr Leute. Vielleicht schleppen sie uns auch noch andere Tiere an. Hunde und Hühner und was weiß ich!«

»Es ist gut, wenn es in die Zeitung kommt«, unterbrach Lukas sie. »Besonders wenn ein Foto von Munkel dabei ist. Dann sehen ihn viele Menschen. Vielleicht erkennt ihn jemand wieder. Übrigens hab ich eine Million Spielgeld. Ich kann den Finderlohn bezahlen.«

»Lukas«, sagte Beatrice, »hör jetzt auf von Geld zu reden.«

Aber der Journalist wollte trotzdem etwas über Lukas und seinen Kater schreiben, obwohl das mit dem großen Finderlohn nicht richtig stimmte.

»Ich verstehe, dass du deine Katze so gern hast«, sagte er. »Darüber will ich schreiben. Die Leute lesen gern etwas über Menschen, die ihre weggelaufenen Tiere lieben.«

So kam es dazu, dass ein Foto von Munkel in der Zeitung abgedruckt wurde. Axel hatte es im Sommer vorm Wohnwagen gemacht, als Munkel auf Lukas' Schoß lag. Der Journalist schrieb, wo Lukas wohnte und dass er hoffte, Munkel würde bald gefunden.

Aber Munkel blieb weiter verschwunden.

Lukas konnte an nichts anderes denken. Er stellte sich vor, dass Munkel hungrig und nass war und dass er fror, dass böse Menschen mit Steinen nach ihm warfen oder ihn am Schwanz zogen. Er dachte so sehr an Munkel, dass er meinte, er würde selbst in eine Katze verwandelt werden. Mit einem schwarzen Fell und spitzen Ohren. Aber vor allem dachte er, er könnte Munkel beschützen, indem er die ganze Zeit an ihn dachte. Solange Munkel in seinen Gedanken war, konnte ihm keine Gefahr drohen.

Als er am Abend ins Bett gegangen war und Beatrice ihn zugedeckt hatte, beschloss er wieder abzuhauen. Jetzt konnte er nicht länger warten, jetzt musste etwas geschehen.

Aber gleichzeitig fiel ihm etwas ganz anderes ein.

Der Johannisbeerbusch.

Vor dem Zaun wuchs ein wilder schwarzer Johannisbeerbusch. Dort hatte Munkel gern zusammengerollt gelegen, wenn es warm war und er seine Ruhe haben und schlafen wollte.

Dieser Johannisbeerbusch war etwas Besonderes. Er stand ganz für sich allein, nicht zusammen mit anderen Büschen. Axel hatte mehrere Male gesagt, man müsste ihn abhauen. Aber als Lukas fragte, warum, hatte er keine Antwort gewusst. Eigentlich müssten Johannisbeerbüsche doch innerhalb eines Zaunes im Garten wachsen. Die durften nicht einfach wild wachsen. Lukas dachte an

Hunde, die an die Leine gelegt werden mussten. Ein Zaun war wie eine Leine für Johannisbeerbüsche.

Munkel mochte den wilden Johannisbeerbusch. Lukas hatte manchmal gedacht, ob es nicht vielleicht Zauberbeeren waren, die dort wuchsen. Es waren merkwürdige Beeren, die ein Geheimnis hatten. Wenn man von ihnen aß, konnte man geradewegs in die Zauberwelt schauen ohne vorher die Augen zu schließen.

Lukas blieb im Bett liegen und dachte an diesen Busch. Natürlich musste er dort anfangen nach Munkel zu suchen.

Warum war ihm das nicht längst eingefallen?

Natürlich musste er Munkels Futternapf dorthin stellen. Der hatte einen blauen Rand und war an einer Kante gesprungen. Der Futternapf würde Munkel zurücklocken.

Er wusste, das musste er sofort tun. Aber als er aus dem Bett stieg und durch den Türspalt lauschte, hörte er, dass seine Eltern immer noch auf waren. Sie guckten sich irgendein Programm im Fernsehen an. Er hörte Papa gähnen. Da legte er sich wieder in sein Bett. Er musste warten, bis sie zu Bett gegangen und eingeschlafen waren. Erst dann konnte er mit der Futterschüssel hinausschleichen.

Endlich wurde es still im Haus. Lukas zog sich seine Kleider über den Schlafanzug. Dann tappte er in die Küche und öffnete vorsichtig die Kühlschranktür. Fast musste er weinen, als er die offene Dose mit dem Katzenfutter sah, die einsam hinter einem Päckchen Butter stand. Ihm war, als sähe er einen verlassenen Munkel, nicht eine offene Dose.

Er leerte den Inhalt der Dose in den Futternapf. Dann überlegte er, was er mit der Dose machen sollte. Mama würde es sicher merkwürdig finden und sich fragen, wer das Katzenfutter aufgegessen hatte, wenn Munkel nicht zu Hause war.

Lukas kippte ein wenig von dem Futter zurück in die Dose und vermischte es mit Milch, damit es nach mehr aussah. Dann schloss er die Kühlschranktür und schlich weiter in den Vorraum. Er lauschte auf Papas Schnarchen, das aus dem Schlafzimmer dröhnte. Dann machte er vorsichtig die Tür auf und legte das Schloss so um, dass sie nicht hinter ihm zuschlug, wenn er sie anlehnte.

Draußen regnete es immer noch. Lukas schauderte in der Nachtkühle. Er hatte keine Strümpfe an. Er war einfach so in seine Stiefel gestiegen. Im dunklen Garten war es unheimlich. Lukas zögerte. Er wusste nicht, ob er sich überhaupt in die Dunkelheit dort hinter dem Licht der Türbeleuchtung traute.

In all der Schwärze war der Johannisbeerbusch. Wenn es hell war, schien der Zaun ganz nah zu sein. Aber im Dunkeln wirkte er so weit entfernt wie ein Stern am Himmel. Ein schwarzer Stern, der nicht leuchtete.

Eine Taschenlampe hatte er auch nicht. Dennoch musste er hinaus in diese Schwärze und der rauschende Regen sorgte dafür, dass er nicht hören konnte, wenn sich jemand hinter ihm anschlich.

Doch er musste es wagen. Er musste es wegen Munkel. Er musste es, obwohl es nichts gibt, was schwerer ist als etwas zu wagen, was man sich eigentlich nicht traut.

Lukas kniff die Augen zusammen und lief mit dem Futternapf durch die Dunkelheit. Er stolperte beim Zaun und verschüttete die Hälfte vom Futter. Aber er traute sich nicht es aufzuheben, traute sich nicht einmal sich umzusehen. Er kletterte über den Zaun. Da war der Johannisbeerbusch und er stellte den Futternapf auf die feuchte Erde und lief zurück zur Haustür und zum sicheren Licht.

Dann lag er mit klopfendem Herzen in seinem Bett.

Er wusste noch nicht, was schlimmer war, Munkels Verschwinden draußen in der Dunkelheit oder dass er etwas gewagt hatte, was er sich eigentlich nicht traute.

Schließlich schlief er ein.

Als er am nächsten Morgen aufwachte, lief er schnurstracks hinaus zu dem wilden geheimnisvollen Johannisbeerbusch. Dort blieb er jäh stehen.

Munkel war nicht da.

Aber der Futternapf war leer.

Lukas stand ganz still.

Es war fast, als wäre sein Herz stehen geblieben. Er konnte den Blick nicht von dem leeren Futternapf wenden. Munkel war also zurückgekommen. Er war zu seinem Johannisbeerbusch zurückgekehrt, er hatte den Futternapf gefunden und alles aufgefressen, was darin war, denn er hatte Hunger. Jetzt konnte Lukas nicht mehr stillstehen. Munkel musste irgendwo in der Nähe sein.

»Munkel«, rief er, nein – schrie er. Er rief so laut, dass der Nachbar, der gerade Laub harkte, zusammenzuckte und fast seinen Rechen fallen gelassen hätte.

Dann begann Lukas zu suchen. Jetzt musste er Munkel finden. Auf der anderen Straßenseite, wo keine Häuser standen, gab es hohes Gras, Büsche und einige Bäume. Dort musste er sein. Lukas sah nach links und rechts und lief über die Straße. Dann fing er an nach Munkel zu suchen. Jetzt war er sicher, dass Munkel ganz in der Nähe war, dass er keine Angst mehr hatte. Er war so sicher, dass er die Suche sogar in ein Spiel verwandeln konnte. Er stellte sich vor, dass Munkel ein wildes, gefährliches Raubtier war, und nur Lukas konnte es besiegen. Ein roter Löwe, dachte er. Der seltene und gefährliche rote Löwe, den es nur im Dschungel auf der anderen Seite vom Ebereschenfluss gab. Lukas hob einen abgebrochenen Ast auf, der im Graben lag. Jetzt hatte er eine Waffe, jetzt würde er den roten Löwen besiegen.

In dem Augenblick kam der Briefträger auf seinem Fahrrad angeradelt.

Lukas kauerte sich hinter einen Busch. Der blau gekleidete Briefträger gehörte zu den gefährlichsten Feinden, die man unbedingt meiden musste.

Aber der Briefträger entdeckte Lukas und nickte ihm zu, als er vorbeifuhr.

Einer, der freundlich ist, dachte Lukas. Davon gibt es nicht viele. Aber manchmal hat man Glück.

Dann suchte er weiter. Immer noch war es ein Spiel, die Suche nach dem roten Löwen. Doch es wurde immer schwieriger, sich den Löwen vorzustellen, je länger er suchte. Die Angst kehrte zurück, als er Munkel nicht finden konnte. Schließlich war der rote Löwe ganz weg, die Äste waren nichts weiter als Äste und keine Waffe und Munkel war immer noch verschwunden.

Plötzlich kriegte Lukas eine Wut auf seinen Kater. Warum hatte Munkel das getan? Warum kam er nicht nach Hause?

Lukas ging zurück, nahm den leeren Futternapf mit und ging wieder ins Haus. Er schleuderte die Stiefel von den Füßen und ging zu Mama in die Küche. Er hatte das Gefühl, dass er mit ihr sprechen musste.

»Munkel ist wiedergekommen«, sagte er.

»Wirklich?«, antwortete Beatrice erstaunt. »Wo ist er denn?«

»Ich kann ihn nicht finden«, sagte Lukas. »Aber er ist wieder da. Das weiß ich. Er hat das Futter aufgefressen, das ich ihm heute Nacht hingestellt habe.«

Beatrice sah ihn erstaunt an.

»Ich versteh nicht, was du meinst. Was für ein Futter?«

Lukas erzählte ihr, was er gestern Abend getan hatte.

»Du bist mitten in der Nacht nach draußen gegangen?«, fragte Beatrice. »Und die Schüssel war heute Morgen leer?«

Lukas nickte. Manchmal dauerte es verflixt lange, ehe Eltern verstanden, was Kinder sagten. Lukas überlegte, warum Eltern wohl so viel langsamer als Kinder dachten. Warum konnten Eltern Dinge, die so einfach waren, so schwer verstehen?

»Das Katzenfutter ist alle«, sagte Lukas. »Wir müssen eine neue Dose kaufen, damit ich ihm mehr hinstellen kann. Und jetzt warte ich draußen, bis Munkel wiederkommt.«

»Klar musst du das«, sagte Beatrice. »Lauf zum Laden

und kauf eine Dose. Wie schön, dass Munkel wieder da ist.«

»Du musst sie kaufen gehen«, sagte Lukas. »Ich will beim Johannisbeerbusch warten.«

»So eilig ist es doch auch wieder nicht«, sagte Beatrice.

»Ich will nicht, dass Munkel noch einmal verschwindet«, antwortete Lukas. »Du musst einkaufen gehen.«

Beatrice ging. Währenddessen schleppte Lukas einen Küchenstuhl hinaus und setzte sich neben den Johannisbeerbusch. Der Nachbar, der immer noch Laub harkte, sah ihn neugierig an. Er konnte es nicht lassen, Lukas zu fragen, warum er auf einem Stuhl saß und einen Johannisbeerbusch bewachte.

»Ich denke nach«, antwortete Lukas.

Er wollte nicht sagen, dass er auf Munkels Rückkehr wartete. Er hatte Angst, Munkel würde sich nicht zeigen, wenn Lukas allzu sicher war, dass er sich in der Nähe aufhielt.

Nur Kinder sollten neugierig sein, dachte er. Erwachsene sollten nicht am Zaun stehen und überflüssige Fragen stellen.

Der Nachbar schüttelte den Kopf über Lukas' Antwort und harkte weiter sein Laub zusammen. Und Lukas wartete.

Beatrice kam zurück und schüttete Futter in die Schüssel. Dann wollte sie auch warten und sehen, ob Munkel zurückkam. Aber Lukas sagte, sie solle reingehen. Er wollte allein sein.

Es war kalt auf dem Stuhl. Kalt und langweilig. Lukas stieß mit den Füßen und hackte mit seinem Stiefelabsatz ein Loch in die Erde. Aber Munkel zeigte sich nicht. Dann fing es wieder an zu regnen.

Beatrice kam aus dem Haus und sagte, er würde sich erkälten, wenn er im Regen sitzen bliebe. Aber Lukas antwortete, sie könne ihm ja einen Regenschirm bringen. Und Papas Südwester. Beatrice schüttelte den Kopf und seufzte, tat jedoch, was er wollte. Dann saß Lukas draußen im Regen und hielt den Regenschirm über seinen Kopf. Der Nachbar hatte mit Laubharken aufgehört, als es anfing zu regnen. Doch Lukas konnte ihn drinnen in seinem Haus sehen, wie er ihn durch das Fenster beobachtete.

Schließlich konnte er nicht mehr auf dem Stuhl sitzen bleiben. Vielleicht war es besser, wenn er nicht hier draußen auf Munkel wartete? Vielleicht hatte Munkel ein bisschen Angst davor, Lukas könnte böse sein, weil er weggelaufen war? Vielleicht war es besser, er machte es wie der Nachbar und guckte aus dem Fenster?

Lukas schleppte den Stuhl zurück in die Küche. Beatrice strich ihm ein Butterbrot. Aber Lukas hatte keine Zeit, in der Küche zu essen. Er setzte sich an ein Fenster, von dem aus er den Johannisbeerbusch sehen konnte, und starrte

hinaus. Plötzlich meinte er, etwas hätte sich hinter dem Busch bewegt. Er drückte die Nase gegen die Fensterscheibe. Hatte er sich getäuscht? Nein, da bewegte sich etwas. Etwas Schwarzes …

Mit einem Freudenschrei stürzte Lukas hinaus in die Diele. Er hatte keine Zeit, seine Stiefel anzuziehen, sondern stürmte auf Strümpfen hinaus, lief über den nassen Rasen, kletterte über den Zaun und stolperte, so schnell er konnte, zum Johannisbeerbusch.

Da merkte er, dass es nicht Munkel war.

Es war eine andere Katze, die war auch schwarz. Aber sie hatte keine weiße Schwanzspitze. Eine andere Katze hatte Munkels Futter aufgefressen und vielleicht war es dieselbe Katze, die gestern Abend das Futter gefressen hatte.

Er wurde so wütend, dass er nach der Katze trat. Die sprang sofort zur Seite. Da hob Lukas einen Stein auf und warf damit nach der Katze. Die schrie auf, als der Stein sie traf. Lukas kratzte eine Hand voll Schotter zusammen und warf erneut nach der Katze. Aber die lief über die Straße und verschwand zwischen den Büschen, wo sich vorhin der rote Löwe versteckt hatte.

Beatrice war Lukas mit seinen Stiefeln in der Hand gefolgt.

»Was treibst du denn da?« Ihre Stimme klang ärgerlich.

»Wirfst du mit Steinen nach der Katze?«

»Sie hat Munkels Futter aufgefressen«, antwortete Lukas wütend.

»Sie konnte doch nicht wissen, dass es Munkels Futter war«, sagte Beatrice.

»Aber es ist doch Munkels Futternapf«, sagte Lukas.

»Jetzt ist aber Schluss mit den Dummheiten«, sagte Beatrice. »Zieh sofort deine Stiefel an. Dann gehen wir hinein.«

Auch an diesem Tag kam Munkel nicht zurück. Lukas saß nicht mehr am Fenster und starrte nicht mehr zum Johannisbeerbusch hinaus. Er schloss sich in seinem Zimmer ein.

Was sollte er tun?

Jetzt war Munkel schon vier Tage weg. Lukas versuchte zu begreifen, warum er hinaus in den Regen gegangen war. Was war passiert? War Munkel wegen irgendwas traurig gewesen? War er deswegen abgehauen?

Lukas fand es schwer, sich vorzustellen, wie es im Kopf einer Katze aussah. Er wusste, wie er sich selbst verhielt, wenn er wütend, traurig oder fröhlich war. Aber bei Munkel wusste man das nie so genau. Dass der Schwanz gerade aufgerichtet war, wenn er zufrieden war, dass er um Lukas' Beine strich und schnurrte, all das wusste Lukas. Aber wie sah Munkel aus, wenn er traurig war?

Lukas hatte keine Antwort auf all die Fragen, die er stellte. Wenn er Beatrice fragte, wusste sie auch keine.

»Du stellst schwere Fragen«, sagte sie. »Ich glaub, die kann keiner beantworten.«

»Nicht mal Papa?«, fragte Lukas.

»Nicht mal er«, sagte Beatrice.

»Wie kann es Fragen geben, auf die es keine Antworten gibt?«, fragte Lukas.

»Wer weiß«, sagte Beatrice. »Das frag ich mich auch manchmal.«

Lukas ging zurück in sein Zimmer und dachte weiter nach. Es gab eine Möglichkeit, an die er am liebsten gar nicht denken wollte. Dass jemand Munkel geraubt, ihn in eine Kiste gesteckt hatte und mit ihm davongelaufen war. Aber wer war so bösartig, dass er eine Katze stahl? Wer machte so was?

Lukas wusste nicht mehr, was er noch tun sollte. Vielleicht konnte er nicht einmal zur Schule gehen, wenn Munkel nicht zurückkam. Er fragte sich, wie er überhaupt ein ganzes Leben leben konnte, erwachsen und alt werden ohne zu erfahren, was mit Munkel geschehen war.

Abends im Bett beschloss er Wirbel um Hilfe zu bitten. Vielleicht könnten sie gemeinsam herauskriegen, wo Munkel war? Lukas war keineswegs sicher, ob Wirbel das wollte. Aber er war auffallend friedlich, seit Munkel verschwunden war.

Vielleicht würde er ihm ja helfen?

Der Gedanke, dass er mit Wirbel sprechen würde, beruhigte Lukas ein wenig. Er rollte sich unter der Decke zusammen und versuchte sich vorzustellen, dass Munkel ganz nah an seinem Gesicht lag.

Am nächsten Tag hatte es endlich aufgehört zu regnen. Wirbel wollte gerade mit seinem Skateboard nach draußen gehen, als Lukas in den Vorraum kam.

»Meine Katze ist heute Nacht auch nicht nach Hause gekommen«, sagte er.

»Ich weiß«, antwortete Wirbel. »Aber ich hab gehört, dass Katzen mehrere Jahre weggeblieben und dann plötzlich wiedergekommen sind.«

»Ich will aber keine zehn Jahre warten«, sagte Lukas.

Dann sagte Wirbel etwas, das Lukas sehr wunderte.

»Ich hab gedacht, wir könnten dir helfen nach der Katze zu suchen«, sagte er. Wirbel hatte also genau das Gleiche gedacht wie Lukas! Er wollte helfen!

Lukas hatte bisher nur nicht begriffen, dass er den besten großen Bruder hatte, den man nur haben konnte. Eigentlich war er überhaupt nicht so nervig und schwierig, wie Lukas bisher gedacht hatte.

»Natürlich suchen wir nach der Katze«, wiederholte Wirbel. »Heute fangen wir an zu suchen.«

»Wer wir?«, fragte Lukas.

»Meine Freunde und ich«, sagte Wirbel. »Wir wollen jeden Garten durchsuchen, jeden Ort, wo er sich verstecken könnte.«

Wirbel hatte vier, fünf Freunde, die alle Skateboard fuhren. Sie fuhren zusammen, trainierten und trugen Wettkämpfe aus. Wirbel war ihr Anführer, da er am besten Skateboard fahren konnte. Lukas sah sie vor sich, wie sie auf ihren Skateboards angefahren kamen, nach Munkel suchten und dann weiter zum nächsten Garten jagten. Der Gedanke, dass Wirbel und seine Freunde ihm helfen wollten seine Katze zu suchen, wärmte ihm das Herz. Am liebsten hätte er Wirbel umarmt. Aber das ließ er lieber bleiben. Wirbel gefiel es nicht, wenn Mama ihn manchmal umarmen wollte. Bestimmt würde er auch böse werden, wenn Lukas das versuchte.

»Ich will auch gern helfen«, sagte Lukas.

»Du hast ja kein Skateboard«, antwortete Wirbel. »Aber du kannst unser Mechaniker werden.«

Lukas wusste nicht genau, was es bedeutete, Mechaniker zu sein. Er fragte aber lieber nicht, da Wirbel dumme Fragen nicht leiden konnte. Er musste selbst herausfinden, was es war.

»Klar bin ich euer Mechaniker«, sagte Lukas. »Soll ich gleich anfangen?«

»Hol einen Eimer, einen Wischlappen und Waschmittel«,

sagte Wirbel. »Du musst unsere Skateboards putzen, wenn sie schmutzig werden. Um neun treffen wir uns auf der Straße beim Spielplatz.«

Jetzt hatte Lukas es eilig. Sobald Mama die Küche verlassen hatte, öffnete er die Tür zur Besenkammer, holte einen Eimer hervor, einen Scheuerlappen und ein Paket Waschmittel. Dann öffnete er das Fenster und ließ die Sachen hinunter in den Garten. Er füllte den Eimer halb mit Wasser aus dem Wasserhahn draußen am Haus. Mehr konnte er nicht tragen. Der Eimer war so schwer, dass er es kaum schaffte, ihn bis zum Spielplatz zu schleppen. Er überlegte, wie viel Waschmittel er hineingeben sollte. Nach einer Weile beschloss er, dass ein bisschen zu viel bestimmt besser als zu wenig war, deswegen kippte er den Inhalt des ganzen Pakets hinein. Mit einem Stock rührte er um. Bald stieg der Schaum wie eine weiße Säule über den Eimerrand. Da kriegte er Angst, er könnte zu viel genommen haben. Aber jetzt kam schon der erste von Wirbels Freunden. Lukas begann das Skateboard zu putzen.

»Habt ihr Munkel schon gefunden?«, fragte er.

»So was braucht Zeit«, antwortete Wirbels Freund. »Beeil dich mal!«

Dann rollte er wieder davon. Und dann kam das nächste Skateboard, das vom Schmutz befreit werden musste.

So ging es mehrere Stunden. Und bald fand Lukas es so spannend, dass er fast vergaß, was sie da eigentlich trieben. Dass sie eigentlich nach seiner Katze suchten. Zweimal musste er zurücklaufen und mehr Wasser holen. Die ganze Zeit fürchtete er, das Waschmittel könnte zu Ende gehen oder jemand würde sich beklagen, er habe die Bretter zu schlecht geputzt. Aber niemand sagte et-

was und Wirbel sah zufrieden aus. Lukas dachte, vielleicht würde er der beste Skateboard-Mechaniker werden, wenn er groß war. So gut wie Wirbel Skateboard zu fahren würde er nie lernen, wenn er sich auch noch so sehr anstrengte.

Aber Munkel war weg.

Sie hatten alle Gärten und alle Stellen, wo er sich versteckt haben könnte, abgesucht, jedoch keinen schwarzen Kater mit weißer Schwanzspitze gesehen.

»Hier ist er nicht mehr«, sagte Wirbel. »Er muss irgendwo anders sein.«

Lukas hatte einen Kloß im Hals. Munkel durfte nicht weit weg sein. Wie sollte er dann wieder nach Hause finden? Aber er sagte nichts.

»Der Kater kommt nie wieder«, sagte einer von Wirbels Freunden. »Den kannst du vergessen.«

»Aha«, sagte Lukas, »dann muss ich ihn wohl vergessen.« Wie schwer es war, das auszusprechen! So etwas Schweres hatte er in seinem ganzen Leben noch nicht gesagt. Wenn nun Munkel gehört hatte, dass Lukas beschlossen hatte ihn zu vergessen. Das stimmte doch überhaupt nicht! Er würde Munkel nie vergessen und er würde nie aufhören nach ihm zu suchen. Niemals im Leben!

Wirbel und seine Freunde fuhren davon, um einen Wettkampf gegeneinander auszutragen. Sie suchten einen Platz, wo sie eine Skateboardbahn bauen konnten. Lukas ging mit seinem Eimer nach Hause. Jetzt, wo er leer war und Lukas wusste, dass sie Munkel auch heute nicht gefunden hatten, fühlte er sich fast noch schwerer an.

Beim Johannisbeerbusch blieb er stehen, stellte den Eimer auf den Kopf und setzte sich drauf.

Jetzt war er wieder traurig. Wenn er doch nur wüsste,

warum Munkel weggelaufen war! Warum war er abgehauen?

Wahrscheinlich blieb ihm nun nichts anderes mehr übrig als das zu tun, was er sich schon vor einigen Tagen vorgenommen hatte. Er musste auch abhauen, genau wie Munkel, und ihn nachts suchen. Er musste wie eine Katze leben, um ihn zu finden. Während er auf dem Eimer saß, fing er an zu miauen. Er versuchte zu miauen wie eine Katze. Schließlich gelang ihm das ganz gut. Aber schnurren konnte er nicht. Wenn er das versuchte, klang es, wie wenn Axel erkältet war und mit Salzwasser gurgelte.

Plötzlich bemerkte Lukas den Nachbarn, der dastand und ihn über den Zaun hinweg anstarrte.

»Hast du angefangen zu miauen, Lukas?«, fragte er.

»Nein«, sagte Lukas, »ich hab bloß gegurgelt.«

Dann ging er ins Haus. Die Küche war leer. Beatrice war einkaufen gegangen. Lukas stellte den Eimer zurück in die Besenkammer und legte den Lappen dazu.

In seinem Zimmer legte er sich aufs Bett.

Jetzt blieb ihm nichts anderes übrig.

Heute Nacht musste er abhauen.

Wie stellte man es eigentlich an, wenn man abhauen wollte? Lukas wusste es nicht. Deshalb blieb er den ganzen Nachmittag in seinem Zimmer, um darüber nachzudenken, was man tun musste.

In den Geschichten, die Mama oder Papa ihm manchmal abends, wenn er nicht einschlafen konnte, vorlasen, kam es hin und wieder vor, dass Kinder von zu Hause abhauten. Lukas rollte sich auf seinem Bett zusammen und versuchte sich an alles zu erinnern, was er von solchen Kindern gehört hatte.

Am meisten wunderte es ihn, dass die Kinder immer abhauten, wenn es draußen dunkel war. Hatten die Kinder in Büchern denn nie Angst vor der Dunkelheit? Ohne zu zögern kletterten sie im Stockfinstern aus dem Fenster, wenn der Sturm heulte und die Äste peitschte. Warum konnte man nicht abhauen, solange es noch hell war, grübelte Lukas. Warum konnte man nicht wenigstens abhauen, bevor die Sonne unterging und alle Schatten so grauslig wurden?

Und wohin sollte er eigentlich abhauen? In den Büchern, aus denen ihm seine Eltern vorgelesen hatten, wussten die Kinder, die abhauten, immer, wohin sie wollten. Zu einem Elternteil, der weit hinter einem großen dunklen Wald wohnte. Oder zu einem Schloss auf einem Felsen mitten in der schäumenden See. Aber wohin sollte Lukas abhauen? Er wusste ja nicht, wo Munkel war. Es wäre entschieden einfacher gewesen, abzuhauen, wenn er gewusst hätte, wo Munkel sich versteckt hielt. Aber wenn er das wüsste, brauchte er ja auch nicht abzuhauen.

Lukas seufzte und legte sich das Kissen übers Gesicht. Es war jedes Mal gleich anstrengend, wenn man etwas tun wollte, was man noch nie getan hatte. Er hatte nichts davon gehört, dass man in der Schule lernte, wie man abhaute. Wirbel hatte ihm nicht erzählt, ob es ein Fach gab, das *Die Kunst des Abhauens* hieß.

Wütend warf Lukas das Kissen gegen die Wand.

Er hatte beschlossen abzuhauen und nach Munkel zu suchen. Aber es gefiel ihm überhaupt nicht, dass er es tun musste. Er hob das Kissen vom Fußboden auf und legte sich wieder ins Bett. Dann versuchte er so sehr an Munkel zu denken, dass ihm gar nichts anderes übrig blieb als zurückzukommen. Als er dachte, jetzt hätte er genug gedacht, sprang er aus dem Bett und stürzte zum Fenster. Jetzt saß Munkel bestimmt unten auf dem Rasen und guckte zu ihm herauf.

Aber der Rasen war leer. Nur eine einsame Elster hüpfte herum und pickte zwischen den Grashalmen.

Vielleicht ist das Munkel, vielleicht ist er verwandelt worden, dachte Lukas. Jemand hat ihn in eine Elster verwandelt. Die Elster hatte jedenfalls dieselben Farben wie Munkel, schwarz und weiß.

Vorsichtig öffnete er das Fenster und rief nach Munkel. Aber da erschrak die Elster. Sie flatterte davon und setzte sich auf den Schornstein des Nachbarhauses. Lukas schloss das Fenster und seufzte. Er versuchte so laut zu seufzen, dass Munkel ihn hören musste. Aber das Einzige, was passierte, war, dass Beatrice hereinschaute und fragte, ob er krank sei.

»Nein«, sagte Lukas, »ich bin nicht krank.«

»Hast du Hunger?«, fragte sie.

Lukas fühlte in sich hinein. Eigentlich hatte er wohl keinen Hunger, aber wenn er abhauen wollte, musste er essen. Er folgte Beatrice in die Küche.

Es war schon später Nachmittag. Lukas hörte Wirbel die Haustür zuknallen, hörte, wie er in die Küche stürmte und sich etwas aus dem Kühlschrank nahm. Dann knallte die Haustür wieder. Wirbel hatte es immer eilig. Er schien immer so wirbeln zu müssen, damit er alles schaffte, was er schaffen wollte.

Eifersüchtig wünschte Lukas, er wäre es selber, der so in der Welt herumwirbelte. Es gefiel ihm nicht, ein Lukas zu sein, der in seinem Zimmer saß und nicht wusste, wie man es anstellte, wenn man abhauen wollte.

Trotzdem machte er sich auf den Weg. Kurz nachdem Axel nach Hause gekommen war. Er hatte sich ein paar Butterbrote gestrichen und in seinen roten Rucksack gesteckt. Außerdem hatte er eine Dose Katzenfutter, seine Spardose, die achtunddreißig Kronen enthielt, einen Kompass, den er von Wirbel bekommen hatte, und sein Kissen eingepackt. Für eine Decke hatte er keinen Platz. Aber ohne sein Kissen, fand er, konnte er nicht weggehen.

Vorsichtig schlich er zur Haustür hinaus, kletterte über den Zaun an der Rückseite des Hauses, setzte sich den Rucksack auf, holte tief Luft und sagte laut zu sich selbst: »Jetzt bin ich abgehauen.«

Dann wusste er nicht, was er tun sollte. In welche Richtung sollte er gehen? In Richtung Stadt oder in Richtung Wald? Sollte er schleichen oder sollte er ganz normal gehen? Sah man ihm an, dass er abgehauen war?

Es dämmerte schon. Weit hinten über dem Wald hingen dunkle Wolken.

Er entschied sich für die Stadt. Einerseits, um dem Regen zu entgehen, der bald kommen würde, andererseits, weil es drinnen in der Stadt hell auf den Straßen war. Er dachte, so dumm konnte Munkel ja nicht sein, dass er sich im Wald versteckte, wo Lukas ihn niemals finden würde. Munkel war ein kluger Kater.

Hin und wieder drehte Lukas sich um, um festzustellen, ob Mama oder Papa ihm im Auto nachgefahren kamen. Aber auf der Straße waren fast gar keine Autos. Es war ein so nasskalter Abend, dass nur Leute, die abhauen wollten, draußen auf der Straße sein konnten. Lukas stellte sich vor, dass alle Menschen, denen er begegnete oder die hinterm Steuer der wenigen vorbeifahrenden Autos saßen, abgehauen waren. Vielleicht waren bestimmte Abende Abhauabende? Dann durften vielleicht nur die auf der Straße sein, die abhauen wollten?

Weit entfernt sah er die Lichter der Stadt. Bald würde er die breite vierspurige Straße erreichen, die in die Stadt führte. Er fragte sich, ob er es schaffte, so weit zu gehen. Vielleicht musste er unterwegs anhalten und schlafen?

Die Vorstellung, dass er draußen schlafen müsste, verursachte ihm sofort Bauchschmerzen. Das würde er sich doch nicht trauen! Und wo sollte er überhaupt schlafen? Er konnte sich ja nicht einfach auf den Gehweg legen. Vielleicht sollte er in etwas gehen, das Hotel hieß. Er wusste, dort konnte man schlafen, wenn man Geld hatte. Der Gedanke beruhigte ihn ein bisschen. Außerdem hatte er sein eigenes Kissen dabei. Er würde im Hotel sagen, dass sie ihm nur ein Laken und eine Bettdecke zu geben brauchten. Dann würden sie begreifen, dass er ein Mensch war, der wusste, wie man sich verhielt, wenn man abgehauen war.

Der Weg in die Stadt war weit. Aber Lukas ging und ging. Hin und wieder blieb er stehen und sah sich um, ob er Munkel irgendwo in der Nähe entdecken konnte. Aber das einzige Tier, das er sah, war ein Hund, der von einer alten Tante an der Leine ausgeführt wurde.

Es war dunkel geworden und es fiel ein leiser Nieselregen. Lukas versuchte schneller zu gehen, damit er die Stadt erreichte, bevor es zu gießen begann. Gleichzeitig dachte er daran, dass Mama und Papa sich inzwischen wohl fragten, wo er geblieben war. Um diese Zeit gingen sie auch ins Bett. Er merkte, dass er müde wurde.

Schließlich erreichte er die Stadt. Da war er so müde, dass er sich auf einer Bank ausruhen musste. Er schlief fast ein. Um sich wach zu halten, aß er eins der Butterbrote auf, die er im Rucksack hatte. Dann ging er weiter. Aus allen Schaufenstern leuchtete es. Plötzlich zuckte er zusammen und blieb stehen. In einem der Schaufenster saß eine große schwarze Katze und sah ihn an. Als er näher ging und sie betrachtete, sah er, dass sie aus Porzellan war.

Es ist eine Spur, dachte er. Das bedeutet, dass Munkel irgendwo hier in der Stadt ist.

Er wollte wissen, wie spät es war, und blieb bei einer geöffneten Würstchenbude stehen. Er wartete im Schatten, bis niemand da war, der Würstchen kaufen wollte. Dann ging er zum Tresen und fragte, wie spät es war. Er musste sich auf Zehenspitzen stellen, um hinaufzureichen.

»Viertel vor neun«, sagte ein Kaugummi kauendes Mädchen. »Willst du was kaufen?«

»Nein«, sagte Lukas, »vielen Dank.«

»Danke wofür?«, sagte sie ärgerlich und machte die Klappe zu.

Lukas ging rasch weg. Er hatte Angst bekommen vor diesem Mädchen. Vielleicht mochten die Leute, die in der Stadt wohnten, keine Ausreißer, die nach der Uhrzeit fragten ohne etwas zu kaufen.

Jetzt fing er an nach einem Hotel zu suchen. Er brauchte Schlaf, damit er Kraft hatte, weiter auszureißen. Er ging durch die Straßen und schließlich weinte er fast vor Müdigkeit. Er hatte nicht einmal Kraft, nach Hause zu gehen, und wusste auch nicht mehr, wie er dorthin finden sollte. Längst hatte er sich in den Straßen verlaufen. Er dachte lauter böse Sachen über Munkel, der ihm das Leben durch sein Verschwinden so schwer gemacht hatte.

Schließlich kam er zu einem großen Marktplatz. Dort entdeckte er ein Schild und buchstabierte sich das Wort Hotel zusammen. Es war ein großes Haus mit vielen erleuchteten Fenstern. Von drinnen war Musik zu hören und Menschen saßen an Tischen und aßen. Er setzte sich auf die Treppe, holte seine Spardose hervor, schloss sie auf und zählte das Geld. Es stimmte, er hatte achtunddreißig Kronen.

Dann ging er durch die hohe Tür. Er kam in einen sehr

großen Raum. Überall gingen Leute herum. Jemand lachte sehr laut, jemand anders telefonierte in einer Sprache, die Lukas nicht verstand. Hinter einem hohen Tresen stand ein Mann und verteilte Schlüssel an Leute, die an den Tresen kamen.

Lukas wartete, bis niemand da war. Er nahm allen Mut zusammen und ging hin. Der Tresen war so hoch, dass er fast nicht hinaufreichte.

»Ich will schlafen«, sagte er zu dem Mann mit den Schlüsseln. »Mein Kissen hab ich mitgebracht.«

Der Mann hinterm Tresen hörte ihn wahrscheinlich gar nicht. Lukas wiederholte es noch einmal, diesmal lauter. Immer noch hörte der Mann mit den Schlüsseln ihn nicht. Da rief er es.

»Ich will schlafen. Mein Kissen hab ich mitgebracht!«

Der Mann hinterm Tresen zuckte zusammen. Dann bemerkte er Lukas.

»Was hast du gesagt?«, fragte er.

Lukas wiederholte es noch einmal.

Der Mann sah ihn nachdenklich an. Dann setzte er sich die Brille auf und beugte sich über den Tresen, um Lukas genauer zu betrachten.

»Wie alt bist du eigentlich?«, fragte er.

Lukas dachte, dass es wohl am besten war, höflich zu sein.

»Ich bin sechs«, antwortete er. »Ich heiße Lukas und ich suche meine Katze. Jetzt muss ich schlafen. Ich hab mein

eigenes Kissen mitgebracht. Und ich hab achtunddreißig
Kronen. Ich kann bezahlen.«

Der Mann hinterm Tresen nickte nachdenklich.

»Das kannst du bestimmt«, sagte er. »Komm mal zu mir
hinter den Tresen, dann können wir uns näher unterhal-
ten.«

Er hob eine Klappe im Tresen an und ließ Lukas in ein

kleines Hinterzimmer gehen, in dem es ein Bett, einen Tisch und einen Fernseher gab.

»Du suchst also nach deiner Katze«, sagte der Mann.

»Sie ist weggelaufen«, antwortete Lukas.

»Und du musst sie abends suchen?«

Lukas beschloss die Wahrheit zu sagen, das war bestimmt das Beste.

»Ich bin abgehauen«, sagte er. »Wenn man weggelaufene Katzen wiederfinden will, muss man abhauen.«

Der Mann nickte wieder nachdenklich.

»Ich verstehe«, sagte er. »Aber wo wohnst du sonst, wenn du nicht abhaust?«

»Im Ebereschenweg«, antwortete Lukas.

»Und du hast gesagt, du heißt Lukas. Aber wenn man im Hotel wohnen möchte, muss man auch seinen Nachnamen sagen.«

»Johanson«, antwortete Lukas.

Der Mann nickte und jetzt lächelte er.

»Klar kriegst du ein Zimmer«, sagte er. »Du kannst dich hier aufs Bett legen, während ich mich darum kümmere. Ich bring dir auch was zu trinken, falls du Durst hast.«

»Ich kann bezahlen«, sagte Lukas.

»Klar kannst du das«, sagte der Mann und holte eine Flasche Limonade aus einem kleinen Kühlschrank. »Ich komm gleich wieder.«

Lukas holte sein Kissen aus dem Rucksack. Er war so

75

müde, dass er sich kaum noch auf den Beinen halten konnte. Aber gleichzeitig war er stolz auf sich, dass er bewiesen hatte, dass er abhauen konnte.

Er legte sich mit dem Kissen unterm Kopf aufs Bett und guckte zur Tür, die angelehnt war. Der Mann, der so nett zu ihm gewesen war, warf ihm hin und wieder einen Blick zu und lächelte. Dabei blätterte er in etwas, das aussah wie ein Telefonbuch.

Lukas überlegte, was er wohl für ein Zimmer bekommen würde und ob es dort Spielsachen gab.

Dann überlegte er, ob es wohl auch Hotels für weggelaufene Katzen gab.

Dann dachte er gar nichts mehr, denn er war eingeschlafen.

Er merkte nicht, dass Axel und Beatrice hereinkamen und Axel ihn hochhob und hinaus zum Auto trug.

Er hörte auch nicht, was der Mann mit den Schlüsseln zu Mama Beatrice sagte.

»Er muss seine Katze sehr gern haben«, sagte der Mann.

»Ja«, sagte Beatrice. »Er hat seine Katze sehr gern.«

Dann fuhren sie nach Hause in den Ebereschenweg.

Lukas merkte nichts.

Er schlief.

Als Lukas am nächsten Tag aufwachte, war es, als hätte er alles, was am Abend vorher passiert war, nur geträumt. War er wirklich den langen Weg in die Stadt gegangen? Und der Mann im Hotel? Gab es ihn in Wirklichkeit oder war er auch jemand, der im selben Moment verschwand, als Lukas erwachte?

Doch als er in die Küche kam und in Beatrices ernste Augen sah, begriff er, dass die Ereignisse kein Traum waren. Den Ausdruck in den Augen kannte er und er wusste, dass etwas Ernstes passiert war.

Aber wie war er wieder nach Hause gekommen? Das wusste er nicht. Er versuchte herauszufinden, wie das vor sich gegangen sein mochte. Wenn er wirklich in die Stadt gegangen war, konnte er sich ja nicht zurück in sein Bett geträumt haben. Oder hatte er auf dem ganzen Rückweg geschlafen?

Nein, er konnte es sich nicht vorstellen. Beatrice seufzte und sagte nichts. Lukas hatte auch keine Lust zu fragen. Er fürchtete sich davor, was sie ihm antworten würde.

Lukas frühstückte ohne ein einziges Wort. Dann ging er wieder in sein Zimmer. Er wusste nicht, was er tun sollte. Und in diesem Augenblick hatte er auch keine Kraft, an Munkel zu denken.

Er wühlte in seinen Spielsachen und dachte daran, dass er bald zur Schule kam. Wie das wohl werden würde? Vielleicht war er so einer, der nichts lernen konnte? Das musste er sofort herauskriegen. Er setzte sich mit dem Wecker in der Hand auf den Fußboden und beschloss die Uhr zu lernen, bevor er in die Schule kam. Wenn er das konnte, hatte er bewiesen, dass er einer war, der etwas lernen konnte.

Aber er kam nicht besonders weit. Denn an diesem merkwürdigen Morgen stand Axel plötzlich in der Tür und sah ihn an. Wieso war er nicht mit seinem Laster unterwegs? War etwas passiert? Lukas erschrak. Aber Axel lächelte ihn an und setzte sich neben ihn auf den Fußboden.

»Was machst du, Lukas?«, fragte er.

»Nichts«, antwortete Lukas. »Ich wollte die Uhr lernen.«

»Kannst du das denn nicht schon?«, fragte Axel erstaunt.

»Nur fast«, sagte Lukas. »Ein bisschen muss ich noch lernen. Der kleine Zeiger ist am schwersten.«

»Das finde ich auch«, sagte Axel. »Der kleine Zeiger ist schwierig, weil er sich so langsam bewegt.«

»Warum fährst du heute nicht mit deinem Laster?«, traute sich Lukas schließlich zu fragen.

»Ich hab mir heute freigenommen«, sagte Axel. »Ich dachte, wir beide könnten zusammen etwas unternehmen.«

Lukas merkte, dass sein Herz sofort schneller zu schlagen begann. Es war fast noch nie passiert, dass Papa sich von der Arbeit freigenommen hatte, um mit ihm zusammen zu sein. Ein einziges Mal war er zu Hause geblieben und das war, als Wirbel vom Baum gefallen und mit dem Kopf aufgeschlagen war.

Aber Lukas war doch nicht krank?

Trotzdem blieb Papa zu Hause. Warum?

»Ich dachte, wir könnten raus zum Campingplatz fahren«, sagte Axel. »Wenn wir Stiefel anziehen, können wir in den Wald gehen. Vielleicht sehen wir einen Elch.«

Axel hatte seinen Satz kaum zu Ende gebracht, da war Lukas schon in den Vorraum gestürzt und fing an seine Stiefel anzuziehen.

Bald waren sie unterwegs. Sie fuhren durch die Stadt, vorbei an der Schule, in die Lukas bald kam. Immer noch war sie leer, aber nicht mehr lange, dann waren die Sommerferien vorbei.

Plötzlich bemerkte Lukas, dass Papa ihn im Rückspiegel ansah. Als ihre Augen sich begegneten, lächelte er. Lukas war fast verlegen. Er war nicht daran gewöhnt, dass Papa ihn ohne Grund anguckte.

Jetzt bogen sie von der Landstraße ab und das Auto rumpelte zum See hinunter. Papa Axel ließ das Fenster herunter und Lukas spürte, dass es nach Wald roch.

Der Campingplatz war verlassen. Die Wohnwagen waren leer. Einige waren schon weg, nach Hause gefahren, dort standen die Wohnwagen den Winter über im Garten oder in der Garage.

Axel ging ans Ufer und schaute über den See. Lukas stellte sich neben ihn, genau wie Axel, mit gespreizten Beinen und die Hände in die Hüften gestemmt. Überm Waldrand am anderen Seeufer näherten sich dunkle Wolken.

»Wir leben in einem richtigen Regenwetterland«, sagte Axel nachdenklich.

»Ja«, antwortete Lukas, der nicht recht wusste, was er sagen sollte. »Manchmal ist es ein bisschen regnerisch.«

Er hörte selbst, dass seine Antwort komisch klang, als ob er so tat, als wäre er erwachsen. Das gefiel ihm nicht, er wollte nicht reden wie ein Erwachsener. Das ist, wie wenn jemand falsch singt. Erwachsene sollten reden wie Erwachsene und Kinder wie Kinder, sonst war etwas nicht in Ordnung.

»Jetzt gehen wir«, sagte Axel. »Wir nehmen den Pfad dahinten.«

Bald waren sie tief im Wald. Der See war nicht mehr zu sehen und zwischen den Bäumen war es dunkel wie am Spätnachmittag. Hin und wieder flatterte etwas zwischen den hohen Baumstämmen.

»Die Vögel sehen uns, aber wir sehen sie nicht«, sagte
Axel. »So ist das im Wald.«

Sie kamen zu einer Lichtung. Dort war es gleich ein wenig
heller. Axel nahm seine Mütze ab, legte sie auf einen
Baumstumpf und setzte sich darauf. Lukas machte es ihm
nach. Darum hat man Eltern, dachte er. Damit man weiß,
dass man seine Mütze abnehmen und sie auf einen Baumstumpf legen muss, bevor man sich hinsetzt.

»Ein richtiges Regenwetterland«, wiederholte Axel.

Plötzlich hatte Lukas das Gefühl, dass Axel ihm etwas
erzählen wollte. Aber er wusste offenbar nicht, wo er anfangen sollte.

»Ich verstehe, dass du traurig bist, weil dein Kater verschwunden ist«, sagte Axel nach einer Weile. »Du willst
natürlich, dass er zurückkommt. Aber Katzen kann man
nicht zähmen. Obwohl sie bei uns Menschen wohnen,
bleiben sie doch wild. Das ist ein bisschen schwer zu erklären. Verstehst du, was ich meine?«

»Ja«, antwortete Lukas. Aber er verstand kein bisschen,
was Papa meinte. Wie konnte eine Katze gleichzeitig wild
und zahm sein? Konnten Menschen auch so sein? War es
der wilde Lukas, der gestern Abend abgehauen war? Und
der zahme Lukas, der jetzt draußen im Wald auf einem
Baumstumpf saß?

»Du musst bedenken, dass Munkel es genauso gut hat,
wenn er wild lebt«, fuhr Axel fort. »Vielleicht war er ein

Kater, der nicht zahm sein konnte. Wenn wir ihn gezwungen hätten bei uns zu bleiben, wäre das für ihn gewesen, als hätten wir ihn in einen Käfig eingesperrt.«

Axel kratzte sich im Nacken, bevor er zögernd fortfuhr: »Ich dachte, es ist das Beste, wenn wir drüber reden, du und ich. Mama und ich machen uns natürlich Sorgen, weil du ständig an Munkel denkst.«

»Ich will, dass er zurückkommt«, sagte Lukas. Er merkte, dass er wieder einen Kloß im Hals hatte.

»Vielleicht geht es ihm besser, wenn er wild herumstreunen kann in diesem Regenwetterland«, sagte Axel.

»Katzen mögen keinen Regen«, antwortete Lukas.

»Aber Munkel ist doch verschwunden, als es wie aus Eimern goss«, sagte Axel. »Vielleicht ist er ein besonderer Kater, der schlechtes Wetter gern mag.«

Lukas wurde nachdenklich. Vielleicht hatte Papa ja Recht? Vielleicht war Munkel der einzige Kater auf der Welt, der Regen liebte? Aber wo war dann das Regenwetterland?

Er fragte Axel.

»Niemand weiß genau, wo dieses Land liegt«, antwortete Axel. »Aber so viel weiß ich, dass alle Katzen, die dort leben, immer einen Sonnenschirm aufspannen, wenn die Sonne scheint. Wenn es regnet, sitzen sie in ihren Gärten und fühlen sich wohl. Die Tropfen sind warm und manchmal ist es so heiß, dass man irgendwo hingehen muss, wo

die Sonne scheint, um ein wenig Schutz und Kühle zu suchen.«

»Ein komisches Land«, sagte Lukas. »Gibt es das auf der Landkarte?«

»Nein«, sagte Axel. »Aber die ganz besonderen Katzen finden auch so dorthin. Sie brauchen keine Landkarten. Sie folgen den Regenwolken und schließlich kommen sie an.«

»Gibt es in dem Land etwas zu essen?«, fragte Lukas.

»Dort gibt es alles, was Katzen brauchen«, sagte Axel. »Nirgendwo anders geht es Katzen so gut wie im Regenwetterland.«

Lukas wusste nicht recht, was er glauben sollte. Natürlich erzählte ihm Axel nur ein Märchen. Aber es war ein schönes Märchen. Der Gedanke an Munkel war leichter, nachdem er Papa von dem merkwürdigen Land hatte erzählen hören, in dem es immer regnete.

»Deswegen hab ich mir freigenommen«, sagte Axel. »Damit wir raus in den Wald gehen und über Munkel reden können.«

»Kommt er nie mehr wieder?«, fragte Lukas.

»Vielleicht nicht«, antwortete Axel. »Aber ich bin sicher, dass er an dich denkt, genau so sehr, wie du an ihn.«

»Können wir ihn nicht besuchen fahren?«

»Wo denn?«

»Im Regenwetterland?«

»Dorthin kann man weder gehen noch mit dem Auto fahren«, antwortete Axel.

»Wie ist Munkel denn dorthin gekommen?«

Es dauerte eine Weile, ehe Axel antwortete. Lukas glaubte schon, dass er es eigentlich auch nicht wusste.

»Katzen haben besonders gute Augen«, sagte Axel schließlich. »Sie können im Dunkeln viel besser sehen als wir. Manchmal, wenn es nachts regnet, fallen große Tropfen auf die Erde, so groß wie Badebälle. Katzen, die ins Regenwetterland möchten, kriechen in diese großen Tropfen. Und dann rollen sie mit rasender Geschwindigkeit davon und dann sind sie weg. Und wenn sie weg sind, sind sie im Regenwetterland.«

Wieder wusste Lukas nicht, was er glauben sollte. Was Papa gesagt hatte, war aufregend. Aber stimmte es wirklich? Fielen nachts so große Regentropfen?

»Ich will trotzdem, dass Munkel wiederkommt«, sagte er. »Er könnte mich doch wenigstens manchmal besuchen. Vielleicht kann man Briefe in dieses komische Land schreiben?«

»Mal sehen, ob wir die Adresse rauskriegen«, sagte Axel und stand auf. »Vielleicht genügt es auch, wenn wir einen Brief unter den wilden Johannisbeerbusch legen, wo er häufig geschlafen hat? Vielleicht haben Katzen einen geheimen Briefträger, der deinen Brief abholt?«

Lukas beschloss Munkel sofort einen Brief zu schreiben,

wenn er die Buchstaben in der Schule gelernt hatte. Jetzt wollte er auf der Stelle in die Schule gehen.

»Ich werde ihm Briefe schreiben«, sagte er, »jeden Tag.«

Sie gingen zurück durch den Wald. Lukas hielt seinen Papa an der Hand. Als sie wieder am Seeufer waren, fiel Lukas etwas ein.

»Wir haben gar keinen Elch gesehen«, sagte er.

»Aber vielleicht hat ein Elch uns gesehen«, antwortete Axel.

Dann fuhren sie nach Hause.

Noch am selben Abend legte Lukas einen Umschlag mit einem Foto von sich unter den Johannisbeerbusch. Er fand es am besten, wenn Munkel ein Bild von ihm hatte, damit er nicht vergaß, wie Lukas aussah.

Beatrice hatte ihm geholfen die Adresse auf den Umschlag zu schreiben:

An

Kater Munkel

im Regenwetterland

Am nächsten Tag lag der Brief immer noch unterm Johannisbeerbusch.

Aber Lukas wollte nicht aufgeben. Früher oder später würde der geheime Briefträger der Katzen seinen Brief abholen. Da war er ganz sicher.

Plötzlich merkte Lukas, dass er fast ganz aufgehört hatte zu lachen.

Wie war das möglich? Er war doch sonst so fröhlich und konnte über alles lachen!

Natürlich kam es daher, dass Munkel verschwunden war. Lukas fand die Tage lang und schwer, als ob jede Stunde, die verging, ein Stiefel wäre mit festgeklebtem Matsch unter den Sohlen.

Als er eines Morgens aufwachte, war er böse und schlecht gelaunt. Er ging zu Beatrice in die Küche.

»Guten Morgen«, sagte sie, »hast du gut geschlafen?«

»Nein«, antwortete Lukas, »ich hab scheißschlecht geschlafen.«

»Red nicht so ein hässliches Zeug«, sagte Beatrice streng.

»Ich hab scheißschlecht geschlafen«, wiederholte Lukas, diesmal noch lauter, als sollten es alle Leute im Ebereschenweg hören.

»Was ist mit dir los?«, fragte Beatrice.

»Ich werde nicht in die Schule gehen«, sagte Lukas.

»Natürlich gehst du in die Schule«, sagte Beatrice. »Du hast doch so lange darauf gewartet.«

»Ich kann nicht in die Schule gehen, wenn Munkel weg ist. Wie soll ich dann nach ihm suchen?«

»Ich werde die Straße im Auge behalten, während du in der Schule bist.«

Die Antwort gefiel Lukas nicht. Es reichte nicht, hin und wieder zum Fenster zu gehen und einen Blick auf die Straße oder in den Garten zu werfen.

Wenn man eine entlaufene Katze finden wollte, musste man ständig suchen und aus dem Fenster gucken.

»Ich werde jedenfalls nicht in die Schule gehen«, sagte Lukas und verließ die Küche. Er überlegte, ob er die Tür hinter sich zuknallen sollte. Aber das traute er sich nicht. Manchmal konnte Beatrice plötzlich sehr böse werden, so böse, dass Lukas es mit der Angst zu tun bekam.

»Willst du nicht frühstücken?«, fragte Beatrice erstaunt.

»Ich hab keinen Hunger«, sagte Lukas. »Muss man denn dauernd essen?«

Er zog sich an und ging nach draußen. Die Luft war kühl und er bibberte, als er durch den Garten zur Pforte trottete. Er sah sich um. Keiner seiner Spielkameraden war draußen. Das einzige Lebewesen außer ihm selbst war eine Elster, die auf einem Zaun saß und mit dem Schwanz wippte.

Lukas ging zu dem wilden Johannisbeerbusch.

Plötzlich zuckte er zusammen.

Der Brief! Er hatte den Brief ganz vergessen. Und jetzt war er weg. Unter dem Johannisbeerbusch lag nichts mehr.

Jemand hatte seinen Brief abgeholt.

Er starrte auf die Erde, wo der Brief unter einem grauen Stein gelegen hatte. Nein, er hatte sich nicht getäuscht. Der Brief war weg. Jemand hatte ihn in der Nacht abgeholt. Jetzt war er unterwegs ins Regenwetterland. Bald würde Munkel ihn zwischen seinen Pfoten halten.

Lukas begann zu lachen. In ihm blubberte es, als ob er rülpsen müsste. Und dann platzte das Lachen wie eine knallende Kaugummiblase. Niemand konnte so lachen wie Lukas, wenn er richtig fröhlich war. Es klang wie Trompeten, wiehernde Pferde und flatternde Elstern – alles zugleich.

Der neugierige Nachbar, der immer am Zaun stand und Lukas beobachtete, konnte es nicht lassen, ihn zu fragen, was denn so lustig sei. Aber Lukas gab keine Antwort. Er lachte immer weiter. Jetzt wusste er, dass es Munkel gut ging.

Immer noch begriff er nicht, warum Munkel verschwunden war. Aber vielleicht würde er Antwort von ihm bekommen? Vielleicht war Munkel so ein besonderer Kater, dass er sein Miauen in Wörter verwandeln konnte, die Lukas verstand. Vielleicht konnte Munkel einen Stift in seiner einen Pfote halten und einen Brief schreiben. Warum sollte er es nicht können? Gab es überhaupt Grenzen für das, was dieser besondere Kater konnte?

Lukas beschloss sofort nach Hause zu gehen und einen weiteren Brief zu schreiben. Vielleicht würde der geheime Briefträger auch in der nächsten Nacht wieder kommen. Dann hatte er Lust, Beatrice zu erzählen, was passiert war. Sie musste ihm helfen einen neuen Brief zu schreiben. Und jetzt konnte er sich vorstellen, dass er doch in die Schule gehen würde. Jetzt kam ihm das nicht mehr so schwierig vor, jetzt, wo er wusste, dass Munkel bald seinen Gruß bekommen würde. Bald würde er mit Lukas' Foto zwischen den Pfoten dasitzen. Vielleicht würde er es sogar bereuen, dass er abgehauen war. Lukas überlegte, ob er nicht hier zu Hause in seinem Zimmer ein kleines Regenwetterland für Munkel einrichten könnte. Wenn er eine Gießkanne an der Decke aufhängen würde, die Munkel mit Wasser berieselte? Würde das nicht reichen?

Lukas lief zur Gartenpforte. Er hatte es eilig. Er hatte so viel zu erledigen. Sofort! Jetzt, auf der Stelle!

In dem Augenblick, als er die Gartenpforte öffnete, kam Wirbel auf seinem Skateboard angeschossen. Er hatte einige von seinen Freunden dabei.

»Hast du den Kater gefunden?«, rief Wirbel.

»Nein«, antwortete Lukas. Er hatte keine Lust, Wirbel zu erzählen, dass er einen Brief ins Regenwetterland geschickt hatte. Wirbel und seine Freunde würden das vielleicht kindisch finden und eine Menge blöder Fragen stellen. Es war das Beste, nichts zu sagen.

»Wir bauen jetzt eine Skateboardbahn«, sagte Wirbel. »Rat mal, wo die sein soll!«

Lukas hatte nur Lust zum Raten, wenn er sicher sein konnte, dass er richtig raten würde. Aber er hatte keine Ahnung, wo Wirbel und seine Freunde eine Skateboardbahn bauen wollten. Darum sagte er nichts.

»Dort!« Wirbel streckte seinen Zeigefinger aus.

Lukas folgte dem Finger mit den Augen. Dann war er ganz erschrocken.

Wirbel zeigte genau auf die Stelle, wo der wilde Johannisbeerbusch wuchs.

»Das ist eine gute Stelle«, sagte Wirbel. »Wir reißen den alten Busch raus, dann bauen wir unsere Bahn.«

»Das geht nicht«, sagte Lukas. Schon wieder hatte er einen Kloß im Hals, der immer weiter wuchs.

»Was geht nicht?«, fragte Wirbel. »Wart's ab, das wird echt geil. Jetzt holen wir uns Holz für die Bahn.«

Dann wirbelten sie davon.

Lukas starrte ihnen nach. Plötzlich war alle Freude wieder verschwunden. Warum mussten sie ihre Bahn genau an der Stelle bauen, wo der Johannisbeerbusch stand? Das ging doch nicht! Es war Munkels Platz, den niemand anrühren durfte.

Lukas wusste nicht, was er machen sollte. Wie sollte er Wirbel erklären, dass sie ihre Bahn woanders bauen mussten?

Was sollte er machen? Wie sollte er seinen Johannisbeerbusch verteidigen? Ganz allein. Munkel würde nie wiederkommen, wenn der Johannisbeerbusch nicht mehr da war.

Er versuchte sich eine Lösung auszudenken. Der Johannisbeerbusch war wild. Das bedeutete, dass er niemandem gehörte. Vielleicht konnte er ihn für die achtunddreißig Kronen kaufen, die er gespart hatte. Aber wem sollte er das Geld geben, wenn der Busch niemandem gehörte? Konnte man sagen, es sei Munkels Busch, da nur er ihn benutzte? Aber Munkel war ja weg. Und Munkel war nur ein Kater. Nein, das ging nicht. Lukas musste sich was anderes einfallen lassen.

Langsam ging er zu dem Johannisbeerbusch. Es hingen nur noch wenige vertrocknete, halb verfaulte Beeren dran, ganz außen an einem Zweig.

»Es geht nicht«, sagte er zu sich selbst. »Wirbel darf den Johannisbeerbusch nicht rausreißen. Dann kommt Munkel nie mehr wieder.«

Obwohl die Erde feucht war, setzte Lukas sich hin. Wie sollte er den Johannisbeerbusch verteidigen? Er allein gegen Wirbels ganze Clique?

Axel, dachte er. Er wird es verstehen. Er muss mir helfen.

Wir waren zusammen im Wald und haben miteinander geredet. Er weiß, wie es ist, wenn man einen Kater mehr liebt als alles andere.

Lukas stand auf und ging ins Haus.

»Möchtest du immer noch kein Frühstück?«, fragte Beatrice.

»Ich hab keinen Hunger«, antwortete Lukas.

Das stimmte nicht. Er war hungrig. Aber er fand, er konnte nichts essen, wenn jemand dabei war, Munkels Johannisbeerbusch zu zerstören.

»Bist du krank?«, fragte Beatrice.

»Nein«, sagte Lukas, »ich will nur meine Ruhe haben.«

Beatrice betrachtete ihn nachdenklich. Aber sie sagte nichts. Sie ließ ihn allein mit seinen Gedanken.

Lukas setzte sich auf einen Stuhl am Fenster und guckte hinaus. Er hatte seine Stiefel nicht ausgezogen. Auf dem Fußboden bildete sich eine schmutzige Wasserpfütze. Aber das war ihm egal.

Hoffentlich dauert es lange, dachte er. Hoffentlich brauchen Wirbel und seine Freunde ganz lange, bis sie alles Holz für die Skateboardbahn beisammenhaben. Hoffentlich haben sie nicht genug Geld, um es zu bezahlen. Hoffentlich, hoffentlich, hoffentlich … Aber vor allen Dingen hoffte er, dass sie es nicht schafften, den Busch auszugraben, bevor Papa zum Essen nach Hause kam.

Lukas war so nervös, dass er Bauchschmerzen bekam. Er

konnte nicht mehr still auf dem Stuhl sitzen und ging in die Küche.

»Kommt Papa heute zum Essen nach Hause?«, fragte er seine Mama.

»Hast du deine Stiefel nicht ausgezogen?«, fragte sie. »Guck mal, du schleppst den ganzen Schmutz durchs Haus!«

»Kommt Papa zum Essen nach Hause?«, wiederholte Lukas.

Beatrice sah ihn mit gerunzelten Augenbrauen an. Lukas konnte nicht erkennen, ob sie böse oder besorgt aussah.

»Was ist mit dir los?«, fragte sie.

»Nichts«, antwortete Lukas. »Ich will nur wissen, ob Papa zum Essen nach Hause kommt.«

»Er kommt wie immer zum Essen nach Hause«, sagte Beatrice. »Warum sollte er nicht kommen?«

»Ich weiß nicht«, sagte Lukas. »Aber ich muss mit ihm reden.«

»Kannst du nicht genauso gut mit mir reden?«

»Nein«, sagte Lukas, »das versteht bloß Papa.«

Um weiteren Fragen zu entgehen, kehrte er zu seinem Stuhl am Fenster zurück. Aber vorher zog er sich die Stiefel im Vorraum aus.

Wirbel und seine Freunde waren immer noch nicht zurück. Aber es würde noch Stunden dauern, bis Papa mit seinem Laster zum Essen nach Hause kam.

Würde er es rechtzeitig schaffen?

Lukas wartete. Und wartete. Und wartete.

Nichts geschah. Hin und wieder ging er zu Beatrice und fragte sie, wie spät es war.

Nichts passierte.

Dann passierte alles auf einmal.

Als Erstes sah Lukas zu seinem Entsetzen Wirbel und seine Freunde mit einer Karre voller Bretter angeschleppt kommen. Dann entdeckte er Papas Laster, der von der anderen Seite kam. Er stieß einen Schrei aus und sprang auf. Dann lief er Papa entgegen. Die Stiefel vergaß er anzuziehen. Jetzt galt es den Johannisbeerbusch zu retten. Würde Papa Axel begreifen, dass er stehen bleiben musste? Oder würde er Wirbel die Erlaubnis geben, ihn auszureißen?

Lukas lief auf Strümpfen in den Garten, baute sich vor
Axel auf und fuchtelte mit den Armen. Axel blieb ver-
wundert stehen. Lukas versuchte ihm zu erklären, was im
Gange war, aber er war so aufgeregt, dass er alles durcheinander brachte. Die Wörter rollten in seinem Mund herum und kamen in der falschen Reihenfolge heraus. Er
merkte, dass Axel überhaupt nichts begriff. Das machte
ihn noch eifriger. Er fing wieder von vorn an, aber Papa
schüttelte nur den Kopf.

»Ich versteh nicht, was du meinst«, sagte er. »Und warum
läufst du ohne Schuhe im Garten herum? Was meinst du,
was Mama sagt, wenn sie das sieht.«

»Wirbel will den Johannisbeerbusch abhauen!«, schrie
Lukas. »Aber das geht doch nicht, der gehört doch Munkel. Wie soll er nach Hause finden, wenn der Johannisbeerbusch weg ist? Die müssen sich woanders eine Bahn
bauen.«

»Jetzt beruhige dich mal«, sagte Axel. »Was für eine
Bahn?«

»Der Johannisbeerbusch«, rief Lukas, »der Johannisbeerbusch, der Johannisbeerbusch …«

Er rief so laut, dass Wirbel und seine Freunde hörten, was
er sagte. Sofort kam Wirbel durch das Gartentor gesaust
und mischte sich ein. Lukas und er fielen sich gegenseitig
ins Wort und Axel verstand noch weniger, was sie sagten.
Inzwischen wunderte Beatrice sich über den Lärm im
Garten. Sie guckte aus der Tür und entdeckte, dass Lukas
keine Schuhe an den Füßen hatte.

»Komm sofort rein!«, rief sie.

Lukas hörte es, aber er konnte nicht antworten. Er hatte
überhaupt keine Wörter mehr. Sein Mund war ganz leer.
Nichts kam mehr heraus, nicht einmal ein Pieps.

Da tat er etwas, was er sich noch nie getraut hatte. Er
traute sich jetzt auch nicht, aber er tat es trotzdem. Er
stürzte sich auf Wirbel und fing an ihn zu schlagen. Wirbel wurde natürlich wütend und wollte gerade zurück-
schlagen, als Axel ihn am Arm packte. Beatrice kam ange-
laufen und griff nach Lukas, der sich eben wieder auf
Wirbel stürzen wollte. Es war ein furchtbarer Lärm. Wirbels Freunde hielten es für das Beste, sich nicht einzumi-
schen, und verschwanden hastig auf ihren Skateboards.
Der neugierige Nachbar stand am Zaun und beobachtete
interessiert, was passierte.

»Jetzt ist aber Schluss mit den Dummheiten!«, brüllte
Axel. »Was geht hier eigentlich vor sich?«

»Ich weiß nicht«, antwortete Beatrice.

»Lukas ist ein Idiot«, schrie Wirbel wütend.

»Jetzt bist du still«, sagte Axel.

»Du bist der Idiot«, schrie Lukas Wirbel an.

»Jetzt seid ihr beide still!«, brüllte Axel.

Er war ernsthaft wütend, schleppte Wirbel und Lukas ins Haus und knallte die Tür hinter sich zu.

»Du kannst doch nicht einfach in Strümpfen rauslaufen«, sagte Beatrice wieder. »Du erkältest dich ja.«

Lukas antwortete nicht. Er starrte auf die Füße seiner Mama. Auch sie hatte vergessen Schuhe anzuziehen, als sie rausgelaufen war. Aber er machte sich nicht die Mühe, es ihr zu sagen. Das Einzige, was im Augenblick etwas bedeutete, war der Johannisbeerbusch.

»Jetzt gehen wir in die Küche«, sagte Axel, »alle.«

»Ich will anfangen«, sagte Wirbel.

»Ich war der Erste«, sagte Lukas.

»Ich bin der Älteste«, sagte Wirbel.

»Ich bin der Jüngste«, sagte Lukas.

Axel seufzte und setzte sich an den Küchentisch.

»Am besten fange ich an«, sagte er. »Und ich finde schon, dass Lukas als Erster reden soll. Aber nicht deswegen, weil er am lautesten geschrien hat.«

Lukas sah Wirbel zufrieden an. Er erklärte Axel, warum er nicht wollte, dass Wirbel und seine Freunde genau an der Stelle, wo der Johannisbeerbusch stand, eine Skateboardbahn bauten. Jetzt hüpften die Wörter nicht mehr durcheinander in seinem Mund, sie kamen schön der Reihe nach heraus.

Dann war Wirbel an der Reihe. Wütend starrte er Lukas an.

»Hier ist es ja nicht mehr auszuhalten, seit dieser Kater verschwunden ist«, sagte er. »Erst gab's Ärger, als er kam. Dann gab's Ärger, als er verschwand. Hoffentlich kommt der nie wieder.«

Lukas stieß einen Schrei aus und stürzte sich auf Wirbel. Das ging so schnell, dass weder Axel noch Beatrice ihn aufhalten konnten. Der Stuhl, auf dem Wirbel saß, kippte um und er und Lukas landeten auf dem Fußboden. Dann spürte Lukas Papas Faust im Nacken. Er wurde aufgehoben und wieder auf seinen Stuhl gesetzt.

Jetzt war Papa bestimmt so böse, dass er weder etwas von Katzen noch von Johannisbeerbüschen hören wollte. Aber Lukas irrte sich. Stattdessen fing Axel an zu lachen.

»Dieser Kater hat uns verhext«, sagte er. »Ich glaub, der sitzt irgendwo und lacht sich eins.«

»Auf jeden Fall sitzt er nicht unterm Johannisbeerbusch«, sagte Wirbel.

»Munkel kann sich manchmal unsichtbar machen«, sagte Lukas.

Axel stand auf.

»Ich geh jetzt raus und guck mir diesen Johannisbeer-

busch an«, sagte er. »Vielleicht könnt ihr die Skateboardbahn bauen ohne den Busch wegzunehmen.«

»Das geht nicht«, sagte Wirbel.

»Das geht wohl«, sagte Lukas.

»Und wie?«, fragte Wirbel wütend.

Darauf konnte Lukas nicht antworten. Plötzlich hatte er
Angst, auch Axel könnte das Problem nicht lösen.
Aber er konnte es. Sie gingen hinaus und betrachteten
den einsamen Johannisbeerbusch. Zuerst durfte Wirbel
erklären, wie er sich das Ganze gedacht hatte. Dann dachte Axel eine Weile nach und sagte: »Ihr könnt die Bahn
über den Busch hinwegbauen. Dann kriegt er eine Art
Dach.«

Wirbel wollte gerade protestieren, als Axel fortfuhr:
»Dann rührt niemand den Johannisbeerbusch an. Und ihr
kriegt eure Bahn. Aber Lukas muss euch bauen helfen.
Das ist nur gerecht.«

»Er ist doch bloß im Weg«, maulte Wirbel.

»Er kann auf jeden Fall die Bretter halten, wenn ihr sägt«,
sagte Axel.

»Ich möchte einen Hund haben«, sagte Wirbel plötzlich.

»Einen großen Hund, der bellt, wenn man *Lukas* ruft.«

»Man kann nicht Hund und Katze in einem Haus haben«,
sagte Lukas.

»Das kann man schon«, sagte Axel. »Aber ich glaube, wir
lassen es lieber bleiben, uns noch mehr Tiere anzuschaf-

fen. Erst mal müssen wir abwarten, ob Munkel wiederkommt.«

»Er kommt wieder«, sagte Lukas energisch.

»Ja, ja«, sagte Axel. »Vielleicht kommt er wieder. Aber
jetzt essen wir was. Und dann ist Schluss mit der Streite-
rei.«

Also bauten Wirbel und seine Freunde die Skateboardbahn und Lukas war dabei, aber eigentlich durfte er nicht
richtig mitmachen. Es dauerte fast eine ganze Woche und
die Bahn wäre wahrscheinlich nie fertig geworden, wenn
Axel ihnen nicht abends geholfen hätte.

Doch schließlich stand sie da und der Johannisbeerbusch
hatte sein Dach bekommen. Lukas konnte unter die Bahn
kriechen und hören, wie die Skateboards über seinem
Kopf rumpelten. Hier konnte er sogar sitzen, wenn es regnete, und auf Munkel warten.

Aber Munkel kam nicht wieder. Und der Tag, an dem
Lukas in die Schule kommen sollte, kam immer näher.
Jeden Nachmittag bettelte er, Mama solle einen Brief für
ihn an Munkel schreiben. Den legte er dann unter den
Johannisbeerbusch und am nächsten Tag war der Brief
verschwunden. Im tiefsten Innern wusste er, dass es keinen Briefträger gab, der seine Briefe abholte. So kindisch
durfte man nicht mehr sein, wenn man bald in die Schule
kam. Vielleicht wurden die Briefe in der Nacht davonge-

weht. Vielleicht gab es ein merkwürdiges Tier der Nacht, das gern Papier fraß.

Mehr und mehr versuchte Lukas den Gedanken zu denken, dass Munkel tatsächlich nie wiederkommen würde. Er war weg und würde für immer wegbleiben. Lukas würde auch niemals herausbekommen, warum er verschwunden war.

Munkel war zu einem Rätsel geworden, das man nicht lösen konnte.

Kurz bevor Lukas in die Schule kam, unternahm er einen letzten Versuch, Munkel zu finden. Er war mit Beatrice in die Stadt zum Einkaufen gefahren. Er hatte seine gesparten achtunddreißig Kronen mitgenommen, aber er sagte nicht, was er damit vorhatte.

Neben dem großen Lebensmittelgeschäft, wo Mama mindestens eine Stunde lang einkaufen würde, lag ein Park und dort gab es einen Spielplatz. Dort durfte er allein hingehen, während Mama einkaufte. Er versprach, nicht wegzulaufen, und dann ging er in den großen Park.

Aber er war nicht zum Spielplatz unterwegs.

Er wusste, dass es in dem Park einen Springbrunnen gab, der Wunschbrunnen genannt wurde. Manchmal warfen Leute Geld hinein und wünschten sich etwas. Papa hatte schon oft gesagt, es sei dumm, Geld ins Wasser zu werfen. Aber Lukas fand, er habe nichts zu verlieren. Er glaubte, Munkel würde irgendwie erfahren, dass er all sein gespartes Geld ins Wasser geworfen hatte. Und dann *musste* er doch zurückkommen.

Er war ganz außer Atem, als er beim Springbrunnen ankam. Der war wie ein großer Fisch geformt, der das Wasser geradewegs in die Luft spritzte.

Da Lukas nicht nur Münzen, sondern auch einige Geldscheine besaß, hatte er sein ganzes Sparschwein mitgenommen. Damit die Scheine nicht weggeweht wurden oder auf der Wasseroberfläche trieben, sondern wirklich auf den Grund sanken, hatte er beschlossen das Sparschwein hineinzuwerfen.

Er war allein bei der Fontäne. Er wusste, dass man nur an das denken durfte, was man sich wünschte, wenn man das Geld hineinwarf. Sonst würde der Wunsch nicht in Erfüllung gehen.

Er stieg auf den Brunnenrand, biss die Zähne zusammen und dachte, sosehr er konnte, an Munkel.

Aber da er so fest dachte, dass er die Augen schloss, konnte er das Gleichgewicht nicht halten, als er das Sparschwein hineinwarf, fiel selbst ins Wasser und wurde patschnass.

Es war nicht besonders tief, aber das Wasser war kalt und ihn fror sofort. Das Sparschwein konnte er nicht mehr entdecken.

Dann fingen seine Zähne an zu klappern und er lief in seinen nassen Sachen durch den Park zurück. Er wartete

nicht beim Auto, sondern lief in den Laden und schließlich fand er Mama zwischen den Regalen. Sie starrte ihn erschrocken an.

»Du bist ja ganz nass!«, sagte sie. »Was hast du gemacht?«

»Das ist ein Geheimnis«, antwortete Lukas. »Von manchen Geheimnissen wird man nass.«

Seltsamerweise fragte Mama nichts mehr. Vielleicht ahnte sie, dass es mit Munkel zusammenhing.

Sie ließ den vollen Einkaufswagen stehen, fuhr Lukas nach Hause und sorgte dafür, dass er trockene Sachen anzog.

»Es ist wohl so, dass man von manchen Geheimnissen nass wird«, sagte sie. »Aber heute bitte keine nassen Geheimnisse mehr, ja?«

»Ich verspreche es«, sagte Lukas.

Dann fuhr Beatrice zurück zum Laden und beendete ihren Einkauf.

Lukas saß an seinem Fenster und hielt nach Munkel Ausschau.

Aber er kam auch an diesem Tag nicht zurück, obwohl Lukas im Wunschbrunnen fast sich selbst geopfert hatte.

Jetzt gab es nur noch eine Sache, die er tun konnte.

Warten. Und warten. Und warten.

In der Nacht, bevor Lukas in die Schule kam, hatte er einen merkwürdigen Traum. Zuerst konnte er nicht einschlafen und Beatrice hatte lange auf seiner Bettkante gesessen und ihm Geschichten vorgelesen, die er mochte. Sie hatte auch gesagt, dass er keine Angst vorm ersten Schultag zu haben brauchte. Seine Lehrerin kannte er schon und auch einige Kinder, die mit ihm in eine Klasse kommen sollten.

»Ich hab keine Angst«, sagte Lukas.

»Das ist gut«, sagte Beatrice. »Schlaf schön!«

Sie ließ die Nachttischlampe brennen und machte vorsichtig die Tür zu. Entfernt hörte Lukas Geräusche vom Fernseher und da hatte dieser sonderbare Traum schon angefangen, bevor er überhaupt eingeschlafen war.

Er betrachtete die Lampenkuppel, das schwache Licht hinter dem roten Schirm. Plötzlich schien das Licht zu wachsen. Es glitzerte wie ein Sternenhimmel an der Decke. Neben dem Schrank, auf dem sein alter Teddy lag, leuchtete ein blasser Halbmond, als ob der Mond vom

Himmel gesunken und unbemerkt durchs geschlossene Fenster gekommen sei. Und auf dem Fußboden brannte ein Lagerfeuer. Die Schatten tanzten an den Wänden und Lukas dachte, es sei nur ein Traum. Aber er schlief ja nicht.

Einen Augenblick lang hatte er Angst und zog sich die Decke über den Kopf. Aber als der Duft vom Lagerfeuer durch die Decke in seine Nase drang, schob er sie weg. Es war wohl gar kein gefährlicher Traum, nur ein ungewöhnlicher und besonderer Traum.

Er setzte sich auf.

Sein ganzes Zimmer war verwandelt. Plötzlich sah er, dass die Gardine wie eine Tür aussah. Vorsichtig stand er auf, ging um das Lagerfeuer herum und zum Fenster.

Als er die Gardine behutsam beiseite zog, sah er, dass das Fenster dahinter in eine Tür verwandelt worden war.

Vorsichtig drückte er die Klinke herunter. Vor der Tür draußen gab es keinen Garten mehr. Es gab keine Häuser und keinen Ebereschenweg. Da war etwas anderes, Sonderbares …

Er ging zurück und setzte sich wieder auf sein Bett. Da entdeckte er etwas Gelbes neben dem Feuer. Zuerst konnte er nicht erkennen, was es war. Aber als er sich vorbeugte, sah er, dass es Munkels Halsband war. Genau das, was er auch an dem Tag getragen hatte, als er sich auf den Weg ins Regenwetterland gemacht hatte.

Er merkte, dass sein Herz schneller schlug. *Munkel war irgendwo in der Nähe.* Er ging wieder zum Fenster. Draußen war es ganz schwarz, da ja der Mond und die Sterne in seinem Zimmer waren. Aber ein bisschen konnte er doch sehen. Wie Munkel, dachte er. In diesem komischen Traum kann ich genauso gut im Dunkeln sehen wie Munkel.

Jetzt hörte er einen Laut aus der Dunkelheit. Er wusste sofort, was es war. Auch seine Ohren waren genauso gut geworden wie Munkels Ohren.

Aber war das Munkel, der dort draußen in der Dunkelheit miaute?

Er meinte etwas Schwarzes zu sehen, doch er war nicht sicher. Er hielt den Atem an und wartete. Kurz darauf hörte er wieder das Miauen.

Munkel, dachte Lukas. Du bist doch zurückgekommen. Du besuchst mich, auch wenn das nur ein komischer Traum ist.

Vor dem Fenster, das sich in eine Tür verwandelt hatte, stand eine Leiter. Lukas kletterte auf die Leiter hinaus.

Obwohl es kalt war, fror ihn nicht. Wahrscheinlich hab ich auch ein Fell, obwohl es nicht zu sehen ist, dachte er. Er kletterte die Leiter hinunter. Jedes Mal wenn er eine neue Leiterstufe betrat, ertönte eine andere Melodie.

Als er auf der untersten Stufe stand, hörte er, dass es sein Lieblingslied war. »Schneeflöckchen, Weißröckchen, wann kommst du geschneit«. Und ihm fiel ein, dass er es Munkel einmal vorgesungen hatte, an einem der letzten Tage, bevor er verschwunden war.

Als er unten ankam, merkte er, dass es leicht nieselte. Aber er wurde überhaupt nicht nass und der Regen war angenehm warm, wie eine warme Dusche.

Ich bin im Regenwetterland, dachte Lukas. Als Munkel begriffen hatte, dass ich nie hinfinden würde, ist er mit dem Land im Traum zu mir gekommen.

Jetzt miaute es wieder, weiter entfernt diesmal. Lukas folgte dem Miauen leise und vermied es, auf raschelndes Laub zu treten. Er lauschte auf den warmen Regen, der wie verschiedene Melodien klang. Die fallenden Tropfen musizierten für ihn und das klang fast genauso schön, wie wenn Mama Beatrice vor sich hin sang.

Plötzlich blieb er stehen. Wenn es ihm im Regenwetterland nun einmal so gut gefiel, dass er gar nicht mehr zurückkehren wollte? Wenn er nun nie in eine Schule gehen würde, weder morgen noch an irgendeinem anderen Tag!

Er drehte sich um und hatte auf einmal Angst, nicht zurückzufinden. Aber in der Dunkelheit leuchtete die offene Tür zu seinem Zimmer, oben über der Leiter. Ein Streifen Mondlicht fiel auf die Erde, genau vor seine Füße. Wenn er dem Streifen folgte, würde er immer wieder zurückfinden. Wieder miaute es und er ging weiter. Nirgends waren

Häuser, nur Erde und kleine eigentümliche Büsche, die alle gleich aussahen. Da sah er, was es war. Schirme. Eingepflanzte Schirme. Natürlich brauchte niemand Schirme im Regenwetterland. Sie durften frei wachsen und niemand kümmerte sich um sie.

Wieder blieb er stehen. *In der Nähe war etwas.* Er spitzte die

Ohren und lauschte und ließ dabei den Blick über all das Schwarze wandern.

Da entdeckte er Munkel. Er saß ganz oben auf einem Felsen und leckte mit langsamen Bewegungen sein Fell. Aber als Lukas ihn ansah, drehte er den Kopf und seine Augen schauten geradewegs in Lukas' Augen. Es war, als ob zwischen ihren Augen ein Licht angezündet würde, zwei Lichtstrahlen, die wie Telefondrähte ihre Gesichter verbanden.

Munkel miaute und hob den Schwanz. Lukas stand ganz still und merkte, dass er Tränen in den Augen hatte. Aber er nahm sich zusammen, damit er nicht anfing zu heulen. Er hatte Angst, die Tränen könnten die Lichtstrahlen zwischen ihm und Munkel löschen.

Er reckte sich, sosehr er konnte, und fast reichte er hinauf zu Munkel. Aber nur fast. Es fehlte ein kleines Stück, um ihn streicheln zu können.

»Spring runter«, flüsterte er, »spring runter zu mir.«

»Ich kann nicht«, antwortete Munkel.

»Dann klettre ich zu dir rauf«, sagte Lukas.

Munkel sah ihn mit ernsten Augen an.

»Ich möchte schon gern, dass du das tust«, sagte er. »Aber wenn du zu mir heraufkletterst, kommst du nie wieder hinunter. Dann musst du für immer im Regenwetterland bleiben.«

»Das will ich«, rief Lukas. »Ich will nicht in die Schule

gehen, ich will nicht zurück in mein Bett. Ich will hier bei dir bleiben.«

»Ich weiß«, antwortete Munkel. »Aber du musst bei den Menschen bleiben. Du kannst nicht hier unter Katzen leben.«

»Dann musst du zurückkommen«, sagte Lukas. »Katzen können unter Menschen leben.«

Munkel nickte langsam.

»Ich komme zu dir zurück«, antwortete er. »Ich komme mit diesem Traum. Hier können wir uns treffen.«

»Das ist nicht genug!«, rief Lukas. Jetzt war er ganz verzweifelt. »Ich will, dass du immer bei mir bist. Warum bist du von mir weggegangen? Was hab ich falsch gemacht?«

»Du hast nichts falsch gemacht«, antwortete Munkel. »Du hast mich so gern gemocht, dass ich mich getraut habe meinen eigenen Weg zu gehen. Ich weiß, dass du immer an mich denken wirst. Deswegen habe ich mich getraut ein Kater zu sein, der ins Regenwetterland gezogen ist.«

»Was ist denn daran so gut?«, fragte Lukas. »Was ist im Regenwetterland besser als im Haus am Ebereschenweg?«

»Ich weiß nicht«, antwortete Munkel. »Ich weiß es noch nicht. Ich hatte nur so ein Gefühl, dass ich gehen musste. Eines Tages wirst du das auch haben. Dann musst du etwas tun, was du dich eigentlich nicht zu tun traust. Dann wirst du an mich denken.«

»Ich verstehe nicht«, sagte Lukas. »Das ist zu schwer zu begreifen.«

»Eines Tages wirst du es verstehen«, sagte Munkel. »Eigentlich handelt das alles nur von dir. Nicht von mir. Ich bin nur ein entlaufener Kater. Ich will, dass du froh bist, wenn du an mich denkst, obwohl ich weggelaufen bin. Ich will, dass du dich nach mir sehnst, nicht, dass du mich vermisst.«

Munkel streckte eine Pfote aus. Einen kurzen Moment berührte Lukas die weichen Ballen.

Dann war Munkel verschwunden. Lukas lief auf dem Mondstreifen zurück, kletterte die Leiter hinauf und kroch wieder in sein Bett.

Langsam verblasste der Sternenhimmel an der Decke, der Mond verschwand durchs Fenster, das Lagerfeuer erlosch und es brannte nur noch die gewöhnliche Nachttischlampe.

Lukas schloss die Augen und versuchte in den Traum zurückzukehren. Aber jetzt schlief er nur und wurde erst wach, als Beatrice ihn am Morgen weckte.

Sofort erinnerte er sich an alles, was passiert war.

»Riecht es hier angebrannt?«, fragte er.

Beatrice sah ihn erstaunt an.

»Warum sollte es angebrannt riechen?«

»Ein Lagerfeuer«, sagte Lukas.

Beatrice lächelte.

»Das hast du nur geträumt«, sagte sie. »Hast du vergessen, dass du heute in die Schule kommst?«

»Nein«, sagte Lukas, sprang aus dem Bett und ging zum Fenster. Dort draußen war wieder alles wie immer. Die Häuser und die Straße und die Gärten. Vor dem Zaun der einsame Johannisbeerbusch.

»Du kannst mir beim Frühstück erzählen, was du geträumt hast«, sagte Beatrice.

»Da gibt es nichts zu erzählen«, antwortete Lukas. »Es war alles so komisch.«

Als Mama das Zimmer verlassen hatte, setzte er sich auf die Bettkante.

Bevor er sich anzog, wollte er noch einmal über den Traum nachdenken. Und wie er so dasaß auf der Bettkante, meinte er plötzlich zu verstehen, was Munkel gesagt hatte.

Er wusste, dass die Lehrerin an einem der ersten Tage jeden Schüler auffordern würde etwas Aufregendes oder Lustiges zu erzählen.

Jetzt wusste er, was er erzählen würde.

Er würde von dem seltsamen Kater erzählen, der Munkel hieß.

Seine Geschichte würde die seltsamste von allen sein.

Schon am ersten Tag merkte Lukas, dass es Spaß machen würde, in die Schule zu gehen. Der Gedanke, dass er mindestens zehn Jahre, fast mehr als doppelt so lange, wie er bis jetzt gelebt hatte, jeden Tag in die Schule gehen sollte, Herbst, Winter und Frühling, machte ihm keine Angst mehr. Es war wie ein langer Weg, der nie ein Ende nehmen würde.

Am ersten Tag begleitete Mama ihn zur Schule. Am liebsten hätte Lukas Papa auch noch dabeigehabt. Aber der konnte sich nicht freinehmen von der Arbeit.

»Du musst mir heute Abend alles erzählen«, hatte er zu Lukas gesagt. »Ich erinnere mich kaum noch, wie das war, als ich in die Schule kam. Aber vielleicht fällt es mir wieder ein, wenn du mir davon erzählst.«

Es wehte ein kühler Wind, aber die Sonne schien an dem Tag, als Lukas in die Schule kam. Als sie durch die Gartenpforte gingen, sah Lukas zur Skateboardbahn und dem wilden Johannisbeerbusch. Aber Munkel war nicht da.

Jetzt wäre Lukas erstaunt gewesen, wenn er Munkels Schwanzspitze entdeckt hätte. Er wusste ja, dass Munkel sich in dem seltsamen Land befand, wo wilde Schirme wuchsen. Er fand, Munkel war ein kluger Kater. Er wollte nicht, dass Lukas in die Schule kam und sich ständig Sorgen machte, wie es seinem entlaufenen Kater ging.

Auf dem Weg zur Schule überlegte er, ob es wohl doch das Sparschwein gewesen war, das er in den Wunschbrunnen geworfen hatte, das dafür gesorgt hatte, dass Munkel in dem merkwürdigen Traum zurückgekommen war. Er hätte Mama gern gefragt. Aber er konnte die Sache mit dem Wunschbrunnen nicht verraten! Jedenfalls noch nicht. Wenn man es schaffte, ein Geheimnis einige Tage für sich zu behalten, machte es vielleicht nicht so viel, falls man es doch erzählte, nur seiner Mama.

Dann waren sie in der Schule und Lukas dachte nicht mehr an Munkel. Es war aufregend, in die Schule zu kommen. Lukas wusste, das erlebte man nur einmal im Leben. Und was man nur einmal erlebte, war wichtig, etwas, an das man sich möglichst immer erinnern sollte. Nicht vergessen, wie Papa es vergessen hatte.

»Erinnerst du dich, wie das war, als du in die Schule gekommen bist?«, fragte er seine Mama.

»Daran erinnert sich doch jeder«, antwortete sie lächelnd, »außer Papa natürlich.«

»Ist es schon so lange her?«, fragte Lukas.

»Ja«, seufzte Beatrice. »Schon viel zu lange.«

»Aber wie lange?«

»Mehr als fünfundzwanzig Jahre.«

Lukas konnte sich nicht richtig vorstellen, wie lang fünf-undzwanzig Jahre waren. Gleichzeitig war es ein gutes Gefühl, zu wissen, dass die Zeit nicht schnell verging. Dass genügend Zeit für alles war, zu schlafen, zu spielen und in die Schule zu gehen. Und an seinen entlaufenen Kater zu denken.

Plötzlich fiel ihm etwas ein.

»Wie alt kann eine Katze werden?«, fragte er.

»Ich weiß nicht«, antwortete Beatrice. »Alt, glaub ich.«

»Aber wie alt?«

»Vielleicht zwanzig Jahre.«

»Nicht fünfundzwanzig?«

»Doch«, sagte Beatrice schließlich. »Es gibt bestimmt auch Katzen, die fünfundzwanzig werden.«

Lukas kicherte bei dem Gedanken, dass Munkel so alt werden könnte, dass er am Stock ging. Wie würde das überhaupt aussehen? Brauchte er vier Stöcke, weil er vier Pfoten hatte?

Den Gedanken dachte er nicht zu Ende. Es war Zeit, zum ersten Mal das Klassenzimmer zu betreten.

Jetzt fing die Schule an.

Schon an diesem ersten Tag sagte die Lehrerin, sie sollten

nach Hause gehen und sich etwas Lustiges ausdenken, was sie ihren Klassenkameraden erzählen könnten.

»Ich werde von Munkel erzählen«, sagte Lukas zu Beatrice, als sie nach Hause gingen. Der erste Schultag war sehr kurz gewesen.

Sie runzelte die Stirn und sah ihn an.

»Das ist doch nichts Lustiges«, sagte sie, »von einer weggelaufenen Katze zu erzählen. Das hat dich doch sehr traurig gemacht.«

»Ich bin nicht mehr traurig«, antwortete Lukas.

Beatrice blieb stehen.

»Wirklich nicht? Und wie kommt das?«

»Ich weiß, dass es Munkel gut geht«, antwortete Lukas.

»Du hast ihn aber doch nicht gesehen?«, fragte Beatrice erstaunt. »Davon hast du ja gar nichts erzählt.«

»Ich hab von ihm geträumt«, sagte Lukas. »Es geht ihm gut. Er ist nur verreist. In ein anderes Land. Aber mehr sag ich nicht. Der Rest ist geheim.«

»Das sind ja große Neuigkeiten«, sagte Beatrice. »Da wird sich Papa aber freuen, wenn er das hört. Und Wirbel auch.«

»Wirbel nicht«, sagte Lukas streng. »Er darf das nicht wissen. Wenn ich sage, dass Munkel verreist ist, will er sicher einen Hund haben.«

»Der Himmel bewahre mich«, sagte Beatrice. »Mir kommen keine Tiere mehr ins Haus.«

»Nein«, sagte Lukas. »Munkel ist genug. Er wohnt ja immer noch bei uns, obwohl er weg ist.«

Am Nachmittag kroch Lukas unter die Skateboardbahn und setzte sich zurecht. Er musste darüber nachdenken, was er seinen Klassenkameraden von Munkel erzählen wollte. Und das war gar nicht einfach. Es war schwer, sich eine lange zusammenhängende Geschichte auszudenken. Besonders wenn sie von so einem besonderen Kater handelte wie Munkel.
Aber schließlich fiel ihm ein, wie er sie erzählen sollte.
Als Axel mit seinem Laster nach Hause kam, lief Lukas ihm entgegen.
»Jetzt erzähl ich dir, wie es ist, wenn man in die Schule kommt!«, rief er.
Axel lächelte.
»Mir gefällt es, wenn du mir entgegenkommst und froh aussiehst«, sagte er.
Lukas schnupperte an seinem Overall. Er roch nach Stall.
»Heute bist du für den Schlachthof gefahren«, sagte Lukas.
Axel nickte.
Lukas hatte richtig geraten!

Zwei Tage später erzählte Lukas von Munkel. Er hatte ein Foto von Munkel mitgebracht und zeigte es seinen Klassenkameraden. Er erzählte alles von Munkel, alles, was er in dem merkwürdigen Traum gesagt hatte. Denn er hatte begriffen, dass Munkel im Traum zurückgekommen war. Er wollte Lukas die seltsamste Geschichte von allen geben. Er wollte, dass Lukas etwas richtig Schönes und Spannendes zu erzählen hatte.

Aber hinterher war er nicht ganz sicher, ob seine Klassenkameraden begriffen hatten, wie besonders Munkel war. Er dachte, es wäre das Beste, wenn er weiter von ihm erzählte, auch in den Pausen. Es kam vor, dass jemand sagte, er habe es satt, dauernd von diesem entlaufenen Kater zu hören. Dann wurde Lukas böse und traurig. Aber er erzählte trotzdem weiter.

So kam es, dass Lukas eines Tages einen Spitznamen kriegte.

Niemand wusste so recht, wie es zugegangen war.

Jemand hatte es gesagt, jemand anders hatte es gehört

und weitergegeben. Bei Spitznamen weiß man nie so genau. Auch sie haben ihr Geheimnis, genau wie Katzen ihre Geheimnisse haben können. Und Menschen.

Aber eines Tages rief jemand über den Schulhof: »Lucke Munkel!«

Und Lukas drehte sich sofort um, denn er wusste, dass er gemeint war.

Lucke Munkel. Lucke Munkel.

Zuerst klang es merkwürdig, fast wie ein ausländisches Wort. Aber bald hatten sich alle daran gewöhnt und niemand außer der Lehrerin nannte ihn mehr Lukas.

Lucke Munkel. Lucke Munkel.

Es war ein großer Tag in Lukas' Leben, als er einen Spitznamen bekam. Jetzt war Wirbel nicht mehr der Einzige in der Familie, der einen Spitznamen hatte. Jetzt waren sie zwei.

»Das ist ein komischer Spitzname«, sagte Wirbel. »Aber er ist gut. So einen gibt es nicht noch mal.«

»Meinen Kater gibt es auch nicht noch mal«, sagte Lukas.

»Der ist doch abgehauen«, sagte Wirbel gereizt. Früher wäre Lukas jetzt wütend und traurig geworden. Aber was kümmert sich einer, der Lucke Munkel genannt wird, darum, was sein älterer Bruder meint? Ein älterer Bruder, der außerdem nicht mal weiß, dass der merkwürdigste Kater der Welt sich in einem Land befindet, wo Schirme wachsen.

Nichts, dachte Lukas. Ich werde nicht aufhören über Munkel zu reden. Und wenn mir keiner mehr zuhören will, kann ich mit mir selber reden. Meinen Kater darf mir niemand wegnehmen.

Und dann wurde es Winter und die Skateboardbahn und der Johannisbeerbusch waren zugeschneit. Hin und wieder war eine Katzenspur im weißen Schnee zu sehen. Aber Lukas wusste, das waren Spuren von anderen Katzen. Munkel war in einem Land, wo es regnete, einen warmen, singenden Nieselregen. Dort saß er auf seinem Felsen und putzte sich das Fell und dachte nach.
Sein Kater war der König vom Regenwetterland.
Sein Felsen war wie ein Thron. Von dort hielt er sein mächtiges Reich unter Aufsicht. Nur wenn er wollte, empfing er Besuch von anderen Katzen. Bei besonders feierlichen Gelegenheiten verreiste Munkel mit seinem Traum, um mit Lukas zu sprechen.
Dann hielt die ganze Welt den Atem an.
Niemand durfte stören, wenn Munkel und Lucke Munkel sich trafen.
Niemals ...

Und dann?

Was geschah dann?

Munkel kam nie wieder. Er war und blieb in dem wunderbaren Regenwetterland verschwunden, von dem Lukas ständig träumte.

Immer wenn es bezogen war und der Regen aufs Fenstersims tropfte, stand Lukas am Fenster, die Nase gegen die Scheibe gedrückt, und versuchte Munkel vor sich zu sehen. Manchmal erinnerten ihn die Muster der Regentropfen am Fenster an Munkels Gesicht. Da floss ein Rinnsal, das plötzlich Schnurrhaare darstellte, dort waren zwei blanke Tropfen, die Munkels Augen sein konnten. Doch, er sah seinen Kater im Regen und er dachte daran, dass er den einzigen Kater auf der ganzen Welt hatte, der Regen liebte. So sehr liebte er den Regen, dass er sich jetzt in einem Land befand, in dem es dauernd regnete, im geheimen Regenwetterland, das hinter allen Wegen, allen Bergen und allen Meeren lag.

Aber natürlich hoffte Lukas, dass Munkel eines Tages zurückkommen würde. Dann würde er aufs Bett springen und sich neben ihn aufs Kissen legen und einen ganzen Tag und eine ganze Nacht schlafen und dann würde er Lukas von all seinen Abenteuern erzählen, die er erlebt hatte.

Aber Munkel kam nicht wieder. Plötzlich konnten mehrere Tage vergehen, ohne dass Lukas an ihn dachte. Hinterher kriegte er Angst, er könnte Munkel ganz vergessen. Da schrieb er einen Zettel, den er innen an seine Tür hängte, auf dem stand, dass er jeden Tag mindestens fünf Minuten an Munkel denken wollte.

Lukas bekam immer mehr zu tun in der Schule. Wenn er jetzt an Munkel dachte, war es, als sähe er ihn aus weiter Ferne. Früher, gleich nachdem Munkel verschwunden war, war er ganz nah gewesen. Aber jetzt war Munkel wie ein kleiner schwarzer Punkt, weit, weit weg.

Es vergingen mehrere Jahre.

Lukas wuchs und wurde älter. Eines Tages fragte Beatrice, ob er nicht wieder eine Katze haben wollte.

»Ich hab schon eine Katze«, antwortete Lukas. »Ich habe Munkel. Auch wenn er im Augenblick weg ist.«

»Er ist doch schon seit mehreren Jahren verschwunden«, antwortete Beatrice.

»Das ist egal«, sagte Lukas. »Ich will nicht zwei Katzen haben. Ich hab Munkel, auch wenn er weg ist.«

Nachts träumte er manchmal von Munkel. Immer waren

sie in dem gleichen Traum. Munkel saß auf seinem einsamen Felsen, es war Nacht und der Mond schien auf ihn herunter. Er putzte sich, fuhr sich mit der Pfote übers Gesicht und bearbeitete sorgfältig sein Fell. Aber plötzlich spitzte er die Ohren, als ob er etwas gehört hätte. Lukas wusste, dass er es war, den Munkel hörte. Dann stand er vor dem Felsen und sie unterhielten sich, bis alles verblasste und verschwand.

Munkel kam nie wieder, und wohin er verschwunden war, blieb ein Rätsel. Aber auch als Lukas erwachsen war, blieb er jedes Mal stehen, wenn er eine Katze sah, und lockte sie. Er wusste, dass es nicht Munkel war. Aber alle Katzen, denen er begegnete, schienen etwas von Munkel zu haben. Alle schienen zu wissen, dass es Munkel gut ging, sie hatten ihn getroffen und richteten Grüße von ihm aus.

»Grüß Munkel wieder«, pflegte Lukas zu sagen, wenn er sich bückte und eine fremde Katze streichelte. »Sag ihm, dass alles in Ordnung ist.«

Jeder, der Lukas kannte, wusste, dass er Katzen gern hatte. Wie hässlich und böse eine Katze auch war, Lukas bückte sich immer und streichelte sie. Es gab Leute, die glaubten, Lukas könne mit Katzen reden.

Aber das konnte er natürlich nicht.

Es war einfach so, dass er Munkel nie vergessen konnte.

Solange er lebte, dachte Lukas an Munkel und sah ihn davongehen, in das geheimnisvolle und wunderbare Regenwetterland.